熟年館
07

婚姻是什麼？

黃越綏的新手婚姻參考書

黃越綏　著

臺灣商務印書館

目次

自序

許多人進入婚姻之後，才發現所託非人而悔之已晚矣！事實上，真的是這樣嗎？

我在一次次帶領離婚者走出傷痛的團體治療課程中，不難發現，那些帶著憤怒和負面情緒的學員們，每次來上課時都有些共同特徵：他們的神情不是顯得已戰鬥得相當疲憊，就是神經緊繃且防禦心強。

尤其在分組個案討論與分享心得時，當有其他學員的問題剛好觸及到他們的痛處時，情緒反應特別強烈與敏感；而當論及自己不幸的遭遇時，更不忘以憤怒的態度和負面的口氣來攻擊曾經深愛過的前夫或前妻；也有因壓抑而泣不成聲者，總之就是無法跳脫陰霾的枷鎖。若長期自陷於悔恨交錯的情境下，往往容易犯了在往事中輪迴的窘境而不自覺，就像有了刮痕的唱片般，一再重複跳針，且幾乎如出一轍。

通常離婚後的第一年，所有親朋好友都會為之惋惜不捨、同仇敵愾；第二年，仍會繼續給予安慰和鼓勵；第三年，願意再耐著性子，傾聽回鍋的老調者已寥寥無幾；

第四年，恐怕就開始有人會對故事內容陳述的真實性產生質疑；到了第五年，還沒開口就會有人嗆說：「唉，像你這種個性，難怪會離婚。」

離婚和結婚一樣都是嚴肅的議題，非關誰對或誰錯，不能簡化為是非題。搭上結婚的車一起祝福，離婚下車後則各自祝福；人性弱點往往經不起考驗，彼此缺乏互信與瞭解的愛，終究是經不起風浪的。但有些走過婚姻的人，卻始終認為自己原本美好的人生，都因為「找錯對象」才害慘了自己。結果再歷經第二次、三次的婚姻也未必得到滿足。其中一個很重要的因素，就是忽略了人有累犯的劣根性，尤其當你的EQ始終處在他責或自責的情緒之間時，就不免會忘記自省。

「自知之明」又比自省能力更重要。先要能瞭解自己，才能有同理心地去觀察別人。愛情可以一見鍾情，婚姻則需要有智慧的選擇。緣份固然有其影響，但經營與付出絕不能少。因此，與其盲目地被愛情迷惑，不如理性地正視婚姻對自己的影響。只要婚前能睜大眼睛，則婚後半閉或全盲皆能甘之如飴。

你結婚了沒？什麼時候結婚？這些都不重要，重要的是你的身心有沒有準備好。

希望我本書的建議，能供您客觀的參考！

在此特別感謝許常德、楊月娥為本書寫序，及為本書推薦的吳淡如、李四端、許常德、苦苓、范可欽、陳藹玲、趙婷、楊月娥、鄭弘儀、謝震武（依筆劃順序）等好友，更感謝珍藏此書的您！

推薦序

不要再把自己的人生，賴在別人的人生裡了

到底你要從婚姻裡享有什麼？

到底你知不知道婚姻有最低消費？（沒能力埋單的人會壓力很大）

到底你有什麼是不要的？

你有底線嗎？

你能接受婚姻裡可能沒有愛情嗎？

你知道愛情的習慣和愛情是不一樣的嗎？
你知道合約裡都該有個解約條款嗎？
你認為你結婚有多少比例會離婚？
你是不是會依賴別人過日子？
婚姻裡不做愛你能接受嗎？
當婚姻不如你意時，你會怎樣？

很多離婚的癥結都跟感情無關。
你有把握你不會外遇嗎？
當對方外遇，你有想過你會有什麼反應嗎？
你覺得婚姻裡愛上別人就是背叛嗎？
感情長期沒有互動算不算是背叛呢？

你有你自己嗎？

你覺得有期限的婚姻很好，但你敢就這麼幹嗎？

你聽過十個不該結婚的理由嗎？

你覺得結婚不該有理由嗎？

父母會對你逼婚嗎？

你做過結婚幸福程度測驗的問卷嗎？

你還是認為婚姻是必經之路嗎？

婚姻是什麼？你連問都不問就去嗎？

然後把自己的人生和另一個人緊緊綁在一起，不危險嗎？

黃越綏不是敢言，她是感情太豐富，忍不住要提醒你，積極地為當事者歸納整理，少有人肯講婚姻裡的實話，因為大都是醜陋不堪的內幕或積灰成沙漠的恩恩怨怨。

但黃越綏卻從天外丟出一個疑問，引大家思考，也許也引來辱罵，但這樣才有意思，不是嗎？才像在討論婚姻的問題。

……有人開始讓婚姻變得有腦袋起來了！

許常德　資深音樂製作人、填詞人、大無限國際娛樂公司總經理

推薦序　學習，讓自己幸福

認識黃越綏老師多年，和她談話受益良多，特別印象深刻的是她的幽默風趣，國際觀和多角度思考，前衛又時尚。

談婚姻、談家庭、談和孩子的互動學習，每個話題都耐人尋味，更感人的是，她用一己所長，散播分享，給需要幫助的弱勢婦女，給勇氣、給方法也給支持，家家有本難念的經，雖不能改變遭遇，卻可以影響未來，心豐富，怨降低，能力充實了，生命就發光發亮。

我在婚姻中十八年，最幸運的是，遇到對的人。幸好我是遇到他，火爆脾氣有人

包容，幸好他是遇到了我，黑白人生變彩色，一個靜一個動，一個冷一個熱，是互補也是速配。不用看八字是否六合，個性上我們超合、超互補。朋友問我燒的是哪家的好香，實話說是運氣，也是緣分，在對的時候遇上對的人，怎能不珍惜？

在婚姻中我是吵架的常勝軍，因他不會跟我吵，每一場我都是贏，吵到詞窮，口渴了，他還會幫我倒水，很難再吵下去吧！

我雖看似聰明，其實他才是享受勝利果實的人。原生家庭不習慣稱讚和肯定，他卻用讚美、欣賞和肯定善待我，幸福的喜悅，讓我更認真工作、照顧家人、燒飯洗衣，這個幸福的家，他動口我動手，他用對方法，我們合作無間，婚姻的合夥人，能同理、能溝通、能信任、能尊重，一定能幸福。

婚姻的祕笈，我真有一招，就是「撒嬌」，女生天生的本錢，我盡情發揮。別說你不會，不會就要學，學了就要做，做了就會幸福；學著點，看這本書，會更有收穫。

楊月娥（阿娥）　資深媒體人、飛碟電台《Good Morning 飛碟》主持人

第一篇

婚姻真是愛情的墳墓？

在生命的不同階段裡，不論是青少年初嘗青澀滋味的驚喜，壯年轟烈的生死兩相許，中年期盼留住青春尾巴譜出的黃昏之戀，還是老年面對晚秋悲歌時的有愛猶憐，都是令人神往的經驗。

曾有位作家朋友用相當嚴肅的口吻跟我說：「人生在世，可以身無分文、也可以短命夭壽，但就是不能沒有真正地談過戀愛，至於有情人能否終成眷屬，那倒已經是其次。」如果戀愛是為了失戀的行動暖身，那麼失戀恐怕是戀愛另闢的修鍊道場。

談戀愛只要有心儀對象，荷爾蒙的衝動，製造機會再加上些化學作用，隨時都可以有浪漫的想像空間，和飛蛾撲火般地燃燒；人生錯過了初戀總難免惆悵懷念，對新戀情總是充滿了憧憬與期待。

在生命的不同階段裡，不論是青少年初嘗青澀滋味的驚喜，壯年轟烈的生死兩相許，中年期盼留住青春尾巴譜出的黃昏之戀，還是老年面對晚秋悲歌時的有愛猶憐，都是令人神往的經驗。

儘管青少年的愛情觀，在成年人眼中屬於不成熟的愛，但對他們而言，卻是生命中最珍貴也最難忘的體驗。除非出家或遁世，否則只要人活著，對愛情就不免執著。

當熱戀的情侶，沉醉在兩情相悅的世界時，其行為舉止幾乎呈現無視他人存在的狀態；全心全意地只專注在如何討好、迎合及滿足對方的策略中。彼此親密的關係之間是容不下任何其他的縫隙的。在你濃我更濃的情境中，彷彿宇宙只剩下他們兩人，這種自然的反應和現象，便儼然成為戀愛者的專利。

而且基於愛情無罪的原則，過程中即使有一方表現出比較荒唐、衝動、激情、無知，甚至可惡等行為，對熱戀中的人而言，似乎只要不是真的鬧出人命，都會找理由給彼此包容與原諒。愛人們熱血沸騰，為了追求真愛理當義無反顧，縱然赴湯蹈火或千夫所指，亦勇往直前矣。

遠距愛情，考驗人性

也許正因為戀愛是如此單純，且毋須負道德及法律的太多約束。因此不受婚姻責任牽絆下的戀情，更易令人魂牽夢縈，懷念不已。

熱戀的當下，所有精心營造出的情境與氛圍，通常結合了浪漫、熱情和愉悅於一身。可是當一心陶醉在樂不可支的甜蜜中時，往往不會刻意地關注到，在現實的世界中，即使再偉大或值得讚嘆的愛情，也都具有其時效性和距離感的環境壓力，以及考驗人性的潛在危機。例如異邦或遠距的戀情，就常會因時間和距離的拉鋸而分手，不純粹只因不再愛著對方而已。

當人際關係面臨大環境的驟變時，不但在心理上因無法完全掌控狀況，而造成心理上的壓力、恐慌、失落與無力感等等的負面影響外，也會逐漸令彼此的生活步調產生不協調的落差，加上隔空的短暫溝通與思考模式的日趨簡化，更會導致原本建立的認知與共識上，有了愈來愈陌生的不真實、不安全及不滿足感。

雖有小別勝新婚的說法，但比起朝夕相處的親密關係，遠距的愛情無形中在彼此的下意識裡，更易種下不必要的猜忌或誤會的隱憂。人不但是感情的動物，人性同時也是自私的，時間久了，一旦信心與信任動搖，則愛情就易產生質變。遠距的情感發展，光靠抽象的相思或脆弱的意志力是不足以硬撐的，即使撐得過一、兩年，也撐不過一輩子。

所以適度的分離就像飢餓一般，可以加強愛情，因為分離也是培養戀愛的條件。

但若分離超過一定的限度，將會失去愛情，而在一起的慾求也將會轉到其他對象。

害怕遠方的愛人會突然從此消失在地球上，或人還在軍中服役，卻透過一封信或一個簡訊，突然傳來女友兵變、絕交的噩耗；都是常事。

與丈夫共同艱辛而白手起家的元配們，當丈夫為了擴展事業版圖而不得不遠赴他鄉到異國打拚時，歷經苦守寒窯後，回饋她的往往不是感激與體貼，卻是感情外遇或包二奶的永久傷害，以及為維護自己和兒女們權益，打不完的跨海離婚官司。此時當感嘆：悔教夫婿覓封侯。

人們對愛情的期待，無非就是需要能夠身歷其境，享受那份真實的熱情果實與洋溢的幸福感。因此遠距戀情常以悲劇收場，此外還有很多其他的因素也都足以影響結果。人類情感的起伏變化總是在感性與理性中糾葛與矛盾。

案例：

有位女性的案主凱莉（化名），有一個男友小班（化名），工作是航空公司的機師。因為工作性質的關係，相處的情形類似遠距愛情，但因為彼此的了解與信任，所以雙方的感情發展一直都算穩定。

但交往過程中，曾有好幾次因班機誤點及同事臨時有急事，須由小班代班，他卻忘了先打電話通知凱莉，反而是事後由地勤同事轉述，她才知道。當凱莉好不容易安排假期並配合小班的行程時，無非就是期盼兩人能有私下好好相聚的時光，卻一再地被爽約。在未能事先告知及取得她的諒解下，往往刻意精心安排的約會，就因對方的一通電話或一則簡訊，就得臨時取消。當然除了失望還是失望，漸漸地她對小班的愛意起了懷疑，信心也開始動搖。

所謂疑心生暗鬼。凱莉覺得他們兩人在一起久了，小班對她或許已生厭倦感，加上他身邊朝夕相處的，幾乎都是如花似玉的空姐們。因此她的醋勁愈來愈大，而嫉妒心更是變本加厲。

尤其最讓她受不了的是，小班對她偶爾發作的不滿情緒，總是採敷衍或逃避的方式處理。即使當她好意地關心叮嚀他注意飛行安全時，小班乾脆不耐煩地丟出一句：「唉！飛機若失事或怎麼樣，報紙一定是頭版，妳就別瞎操心了！」

而相對的，站在小班的立場則認為，他擔任駕駛的工作壓力已經很大，偶爾飛機因故延宕行程，或公司臨時有突發事件需要他配合時，不得已必須取消女友的約會，其實他內心都會深感抱歉與身不由己的無奈。但他迫切需要的是，凱莉能給予他充分的體諒與絕對的信任，而非一味地猜疑，大肆地查勤，或無中生有的栽贓，影響其個人聲譽。

戀人之間偶爾產生的「醋意」或「妒意」都是在傳遞著對愛情的在意與不安全感。是有助彼此面對問題或衝突的察覺性。但過分猜忌或養成好妒的性格，則易令人有窒息、卻步或想逃避的壓力，甚至希望用掙脫來換得自由。

只要情侶的任何一方，開始意識或感覺到兩人的獨處，不再是件愉悅的事情後，像敷衍、怠慢、易怒、逃避、厭倦、攻擊，或轉移目標，以至正式提出絕交等行為，就會慢慢地浮出檯面。而這些有形或無形的地雷，經常是引爆情人分手的隱兇。

冰凍三尺非一日之寒，任何一種感情都應保持樂觀，但不能太過自信，若不及時發現危機、找出地雷、試圖挽救的話，原本建構的親密關係，就會出現裂痕，甚至一夕崩盤，只剩下單方撐起苦戀的悲情繼續演出。

婚姻是愛情的墳墓，真或假？

為什麼有人會相信「婚姻是愛情的墳墓」之說法？

因為一旦踏入婚姻生活，彼此的身心狀態、資源重新分配、人際關係的拓展……等所牽涉的範圍與單身或獨居時的差異，不但衝擊大且與日俱增，而且面對問題所呈現出的點、線、面，都比單純戀愛時更為複雜。

而且除了極少數的幸運者外，不論你是紅遍大江南北的帥哥、價值連城的黃金單身漢、炙手可熱的夜店王子、萬人迷的名模巨星，或曾被簇擁眾星拱月的社交名媛；當舉行結婚的公開儀式後，你的背後便有如貼了一個「已婚」的標籤，從此你的身價就會從自由市場待價而沽的行情，被歸類到「二手貨」。一夕之間你不但失去單身族的自由，而且從此乏人問津。那隨之而來與預期相差甚大的失落感，對婚姻意義的認知還不清楚的人而言，正是怯婚的主要理由。

因此從戀愛關係跨到構成結婚的條件，除了真愛以外，還須彼此都強烈具備「成家」的意願，真正的了解和認識對方，並承諾共負婚姻的責任，以及完成法定結合的執行力，才能完整。否則只是又累積了另一段戀情紀錄罷了。

有人很年輕就選擇鑽進婚姻避風遮雨；但也有人放棄婚姻，寧可浪跡天涯談一輩子的情史，也不願意被套牢。

人的感情世界是多元的。就像一種咖啡，其品嘗的方式可以風情萬種，每個人的主觀看法，在認知和效益上的評價均有待商榷。

所以包括戀愛和結婚的對象，在芸芸眾生中尋覓，只要「適合自己的」可能就是最好的。只是相識容易相處難，若能把浪漫的愛情逐漸昇華，透過實質婚姻生活的考驗，去蕪存菁地過濾、轉化，多了層相互扶持的情義關係；或許從表面上看似愛情被稀釋了，但實際上卻能讓愛情的價值更成熟，意義更落實。

夫妻關係，禮不可廢

多數的夫妻婚後的衝突及爭端，皆非關乎個人主權的重大議題，反而是生活上的瑣碎細節。諸如牙刷的擠法、浴後掉了頭髮不撿、上廁所忘了掀蓋或沖馬桶、嬰兒牛奶的沖泡方式，以及忘了帶鑰匙、忘了對方的生日、忘了繳罰單及水電費……等芝麻小事。

對愛情到底是否正走進墳墓，這觀點仍有待釐清，但婚後在心態上，會漸受「履行夫妻角色」的影響，不但強化了彼此相互了解與生活照應的延展性，同時無形中也開始適應並深化了社會責任的角色。

戀愛時的熱情、刺激、浪漫等核心元素，會在常態的婚姻生活中退場。取而代之的則是夫妻倆要如何發揮團隊力量，面對未來共同命運中各種層面的壓力與挑戰。

戀愛與結婚看似只有一步之差，但某些特質卻差之千里也。戀人只追求浪漫的美麗，婚姻家庭則需生活實質的相互依賴。戀愛時是「情人」，但結了婚自然就變成一起過生活的「家人」。這種以結婚為前提的共同目的一旦達成，從此不需要再花太多力氣去討好或迎合對方時，就會開始無意識地紛紛卸下偽善的面具，露出原形或不為人知的真面目。導致許多新婚的夫妻關係，由偶爾纏綿的情人，一旦變成朝夕共處的伴侶後，不但前後判若兩人，且完全拋棄了「禮不可廢」的人格修養。

人際關係一旦因「方便」而「隨便」化後，個人心理上的防禦，也會隨之卸下，加上夫妻的互動行為，均會顯示出受其原生家庭文化影響的力量。其中最明顯的就屬「溝通的模式」。

常見妻子向丈夫抗議，為什麼才度完一星期的蜜月，丈夫對她說話的態度和語氣就已經有了很大的轉變，讓她不但感到很不適應，甚至有被騙婚的感覺。沒想到丈夫當下也有同感：我才想向妳抗議，沒想到妳竟惡人先告狀。

妻子跟丈夫做完愛後，對自顧自抽菸、顯得心不在焉的丈夫，幽幽地埋怨：「哼，看你的表現我就知道，雖然你人在我這裡，心卻在外頭。」

丈夫順手撢掉菸蒂，回道：「那妳的意思，是希望我心在這裡，而人在外頭囉？」

近年社會因普遍少子化，導致新生代幾乎不論性別都是集寵愛於一身的媽寶，長期下來不但養成過分自我的自私行為，同時加上小家庭缺乏長輩們的機會教育，而學校也沒有特別提供這方面學習的氛圍和薰陶的環境，因此造就了吝於對家人或夫妻間相互讚美的個性，更遑論適時表達感謝和歉意的生活文化及禮儀。

這儼然也是一向習於壓抑情感的華人家庭通病。加上傳統大男人主義作祟，進而影響到整體社會人際關係的開拓與溝通技巧的效益。

但這種刻板印象一旦產生，則會出現另類的後遺症，那就是只要當對方偶爾表現得特別體貼、浪漫和熱情時，反而會引起另一半對其動機的懷疑，甚至會合理化地認為，想必是做了某件虧心事的補償作用。

你會發現戀愛中的情侶對白，總是肉麻到令人傻眼，但彼此仍喜孜孜地讀他千遍也不厭倦。例如，不論何時何地，只要電話或手機一響，熱戀中男女的制式對話，總少不了打情罵俏：「親愛的，你在幹嘛？」

收訊的這一方聽到後，連眼都不眨一下，嘴上彷彿沾了蜜汁般地溫柔，立即回應道：「哇，真是心有靈犀一點通，我正在想你，你的電話就到了！」

另一頭緊接著又撒嬌地追問：「真的嗎？那你猜我現在人在那裡？」不用思考，這方深情款款的順口溜立刻派上用場：「寶貝，還需要問嗎？你的人永遠在我心裡！」

以上同樣的對話，只要把場景改成是結婚多年的夫妻關係，恐怕態度和口氣就足以令人氣結。

例如，當丈夫（妻子）的手機鈴聲響起：「喂，你現在在幹嘛！」一副警察臨檢的口氣，想必來者不善，於是接電話的另一方，心中開始產生防衛心態，也就不甘示弱地冷淡回應：「上班呀，不然你想我還能幹嘛？」

主動打來的丈夫（妻子），這時若發現對方口氣不對，想緩和氣氛，刻意說：「那你現在有在想我嗎？」忽冷忽熱，對方在丈二金剛摸不著頭腦的狀況下，又在不確定對方來電的真正用意時，就算情緒較緩和了，仍會沒好氣地回說：「閒話少說，我正在忙欸。」

刻意把對話留白或模糊化的情形，其實是夫妻間進可攻退可守，常用的使詐技倆之一。而這時候的另一方，若不知收兵，還不識相地糾纏：「那你猜猜看我現在人在哪裡？」得到的回應恐怕不會是期待中的浪漫答案，而是：「你問我，我問誰？」或是沒好氣的：「誰知道你在那裡？」更慘的則是連回應都懶，就直接把電話給掛了。

我們可以確定一件事，那就是婚前戀愛時，情侶最想聽到的：「你今生今世都在我心裡」這句話，恐怕在婚後漫長的歲月中將成為絕響。對多數女性而言，這就是種愛情幻滅的打擊。

莫讓婚姻成為沉重的殼

婚後不論經歷了多少風風雨雨，夫妻彼此的心大都能領悟到，其實漫長的生命中，能夠享有安穩的婚姻生活，就是一種幸福。然而，彼此卻在內心的某個角落，隱約仍藏有份矛盾和衝突的情緒，似乎是在對這份幸福的不確定感，以及對婚姻枷鎖的掙扎與吶喊。

有些人會發現原來結婚後的日子，只不過是在平凡與平淡中輪迴，好不容易熬過朝九晚五的職場戰鬥，又必須面對單調的家居生活的另場奮鬥。自己單身時的雄心壯志與抱負，都在拋不開的家累包袱下，全被消磨殆盡。婚姻的加持成了沉重的殼，而家庭生活更是阻礙追夢的絆腳石，這時甚至會懷疑，幸福只是社會責任壓榨下的假象罷了。

因此，他們開始會不由自主地懷念起，婚前多姿多采的單身生活，同時更開始懷念婚前個人擁有的絕對自由與自主性。他們害怕，在婚姻無止境的牽制下，個人的熱情與精力將徹底地被剝奪、輾碎。

這也是為什麼會有愈來愈多的年輕人，剛結婚度完蜜月後不久，就發現自己不但無法適應複雜的新人際網絡，也受不了婚姻生活形態的各種束縛，「白首偕老」簡直是面對絕望的斷崖，更會懊悔當初做出的衝動決定，讓自己如今處在結婚不適而離婚又不成，進退兩難的困境中。

因此諸如，「好的結婚對象不容易找」、「好的婚姻不容易持久」、「與其難逃離婚不如不結婚」、「婚姻根本就是彼此設局的賭場」、「結婚只是自找麻煩」、「結婚真的能帶來幸福？」「離婚的代價比坐監還大」……等這些負面的資訊，就這樣不斷地瀰漫，散播及影響著。

一位病危的妻子，臨終時拉著丈夫的手，問他：「我已不久人世了，你不妨坦白告訴我，我是不是你這一生最愛的女人？」丈夫緊握著妻子的雙手，拚命點頭。

哀弱的妻子頓時感到萬分安慰，於是再三叮囑著：「親愛的，萬一我死了，你想再婚的話，請一定要記住這件事——千萬別讓她穿我的衣服和鞋子。」

這時丈夫用哀傷的眼神望著妻子並激動地說：「親愛的，關於這件事，妳儘管放心，我絕對不會讓她穿妳的鞋子和衣服——因為妳穿六號，但她穿的是七號。」

伴侶關係必須是兩性平權的夥伴關係

我們的社會正悄悄地在一股負面心理的預期下，令「婚姻恐懼症候群」衍生。而婚姻對E世代的宅男宅女們而言，還真的像是步入愛情的墳墓。

事實上當兩性平權與性別平等的時代來臨後，漸漸地人們已開始從傳統配偶的命運共同體，轉為期待建構一種平等對待的伴侶與「合夥性質」的關係。

現今在歐美社會，已很少人會稱自己的另一半為「法定配偶」（spouse），因為這種落伍名詞或多或少仍帶有性別歧視，或影射男尊女卑；取而代之的是普遍使用實質婚姻生活關係的「丈夫和妻子」（husband and wife），來對外互相介紹與稱呼。至於同居者，在某些國家雖已具有部分法律行為的約束與定義，但因尚無正式登記與認證的夫妻名分，故幾乎都以「伴侶」（partner）來統稱之。

對曾經走過婚姻者而言，往往也都是要等到除卻巫山不是雲後，才能較客觀而冷靜地回首檢視，並領悟到華麗的結婚典禮，只是如煙火般地短暫燦爛。而婚姻生活中，種種的經驗與體驗，才是人生真正親密人際關係的發展、考驗與成長的重要元素。

一位失婚的女性朋友，在她年輕時的日記裡曾經寫下：「前夫是我這一生中害我最慘的損友，也是我最痛恨的情人，更是我來生再也不願意見到的親人。」但十多年後，她不僅走出了不幸的陰霾，更發憤圖強努力向上，除了憑一己之力撫育了一對兒女長大成人外，自己還變成了人人稱羨的女企業家。於是她在自己的日記裡補上了這麼一個結論：「我為了這個男人而身心墮落，但也因為他的煉獄，得以讓我的靈魂再次重生，因此在仇恨與感恩之間，我選擇了寬恕。」

這種情況像極了社會上不少成功的企業人士們，總不忘在眾人面前，對其背後扮演支持者的妻子或丈夫，給予肯定、歌頌，但諷刺的是只有當事人心裡才真正清楚，自己這一路走來，在真實的婚姻生活裡，另一半所扮演的角色，到底是天使、魔鬼，或是以兩者兼具的角色在輪流呈現著。

多數適婚年齡的男女在心理上難免或多或少還會存有幾許「姻緣天注定，好則我命，歹則我運」的宿命觀念，但事實上隨著時代進步、社會開放、性別關係平等、人格獨立，以及經濟能力的自主性，婚姻關係早已跳脫傳統窠臼，因此婚姻對現代的成年男女而言，已不須處於奉父母之命或身不由己的困境，而得以在自由意志下，擁有為自己的結婚與否作抉擇的權利。但是為什麼到了可以為自己婚姻作主的E世代，卻反而有如近鄉情怯般地躊躇在婚姻的門檻，猶豫和徘徊了起來？

時下的離婚率，更遠遠超過了傳統媒妁之合的婚姻。

幸好在人類真實的生活經驗中，歷史通常只是拿來借鏡而非拷貝用的，何況時代和歲月的步伐總是往前走，不用花太多時間或精力來研究其中的區隔與差異性，更不需要因日漸高增的離婚率，就全然否定了婚姻對社會的價值與貢獻。

切記！你是成年人又是獨立的個體，結婚與否牽涉的完全是私領域的範疇，因此根本沒有義務對外人做資訊提供者或盲目的順從者。如果你是選擇不婚或以同居的方式過生活，也是屬於個人生活的私領域，本應受到尊重，相對地也用不著因他人過度的關心而太介意。

漫長的歲月，分分秒秒記錄的都是自己心情的寫照，自己活出生命的價值，比任何人的批評指教都來得有意義。

結不結婚，重要嗎？

一位與其伴侶同居了近廿年的男性友人，曾帶著神祕的笑容跟我說了這番話：

「如果人們真的了解他們自己是個什麼樣性格的人，那麼結不結婚這檔子事就不重要了。重要的是你是否真的了解自己，還是指望透過結婚讓另一半來了解你？就算對方比你更了解你自己，這對你的生命價值又能代表什麼呢？你就是你呀！是希望從此由對方來主宰你的一切，抑或是因此你的一切就能獲得救贖？或者根本就是在跟自己和對方的感情耍賴呢？難道只要給對方一個結婚的名分，就真的證明是真愛？是保障？還是只為了牽制彼此忠誠度的安全假象？」

而當我好奇地問他的女性同居伴侶時，其回答更直截了當。她灑脫地說：

「原本人類生活的形態就與一個人的個性及其慣性有關。我因為不習慣一個人生活而需要有伴，而這個伴必須和我一樣，是個絕對獨立的利己主義者才行，所謂物以類聚嘛！我從不擔心會被男人出賣感情或被甩，因為我天生就看淡身分，也不在意地位，倒是對性生活十分嚮往，而且總是興致勃勃，高潮迭起。所以我從來不必像其他的女性，為了討好婚姻中的男人，而在床上拚命假獻殷勤或故作滿足狀的呻吟。相對地我也不想利用婚姻中的法律責任與義務，來勒索另一半的下半身，重要的是我了解自己所需，同時我也無法妥協並捐出我個人的性自主權。」

當兩人都是強勢者，相處中如何溝通，彼此更要有自知之明和不挑釁的智慧。「如果你真的明白一山不容二虎的道理，山中原本就有一頭猛虎，偏偏自己也是不好惹的母老虎時，又何必硬要逞強闖關？只會徒增彼此困擾，製造沒必要的難堪罷了。」

我的摯友 Lily，既美麗有才華且經濟無虞，也不是女同性戀者，卻選擇終身不婚，她不婚的理由與「婚姻是愛情的墳墓」的負面認知毫無關係。

她不婚的原因也是唯一理由，或許在外人看來是不可思議的荒謬，但對她而言卻是無法撼動的核心價值——那就是，她摯愛她的父母親，勝過世上的任何人。

我也曾經語重心長地提醒她，所謂「送君千里終須一別」。再親密的父母親情也會鬆手，而兄弟姊妹的手足情誼在各自成家後也會疏離。如果有一天當她不得不分別為年邁的雙親送終後，難道她真的不害怕獨自面對空洞無人對影的白牆嗎？她真的有勇氣能夠承受未來既漫長又孤獨的孑然餘生嗎？

她竟然十分自信且不帶半點傷感或絲毫猶豫，用著平靜的語調回應我說：

「我從很年輕、廿多歲時，就已察覺並清楚地知道，『獨身』就是我要的人生。如今我的年齡已坐五望六，眼看就快抵達孔子所謂的人生不惑的階段了。

「我簡單的生活圈裡，既已有我單純的正常社交圈，也一直擁有不同性別和海內外世代的人際互動。若以世俗的眼光來看，我似乎是少了一個丈夫陪伴，但相對地我卻擁有更多時間和空間，可以用在栽培我自己，及與我喜歡的親朋好友們分享生活的一切上。

「我是個即使有能力但也不想對任何婚姻中的其他關係負責任的人。我自私地只想用自己的方式過生活，而孝順父母和全心全力地為他們付出，是我自己責無旁貸的義務，因為沒有他們，我就不會在這個世界上。至於我個人雖然不想也不會生兒育女，但卻樂意栽培員工和我的姪、甥晚輩們。」

她當然很清楚，遲早有一天將會分別失去父母親，而面對悲傷和失親的氛圍，自然不在話下。但因為她自己心理上早已有了準備，也已為自己的後事立下遺囑，並做了很好的規畫，因此今日她若能親自為年老的父母送終，改日自然應該也會有人來為她辦後事。何況人的生死自有其定數，與結婚與否其實並沒有直接關連。

若一旦失去了相依為命的父母親後，對於工作狂的她而言，接下來的歲月相信也不會因此而失去重心，況且其父母遺留下滿滿的愛將與她同在。往後只要對自己負責任的日子，也許會令她變得更自由自在。

當然我也還有很多非因宗教因素而不婚的朋友族群，特舉以上Lily的例子，只是要凸顯一個重點；那就是對「婚姻是愛情的墳墓」的迷思與迷惑，也是因人而異，不能以偏概全的。

第二篇
不要把原生家庭的錯帶進你家

「沒有人能靠一本精彩的回憶錄，就能擺脫拉拔長大的那雙手，而我們都帶著巨大的傷痛，這些傷往往是由我們所愛的人造成。」

如果親戚和鄰居是地球上生活中的難題，那麼原生家庭的關係則是生命中靈魂深處的牽絆。

每對要步入結婚禮堂的男女，對婚姻的價值觀與行為態度，跟其原生家庭和父母親的婚姻關係，與其養成教育的過程，都會有直接或間接的影響與關連。

在很多關於婚姻治療的個案分析統計中，不難發現有很多對夫妻，被困在婚姻的礁岩上無法動彈，也不知道問題到底出在哪裡，直到經過專業諮商者的協助探討，才赫然發現他（她）自己，自小與父母親處理不好的緊張關係，並沒有因歲月而消失，也沒有因成年結了婚而有所頓悟，反而成了阻礙自己婚姻前進的絆腳石。

美國新銳作家朵敏妮嘉・露塔（Domenica Ruta）在其著作《那些沒有妳的自憐派對》[1]中有段話，「沒有人能靠一本精彩的回憶錄，就能擺脫拉拔長大的那雙手，而我

1 Domenica Ruta: *With or Without You: A Memoir*, Spiegel & Grau; Limited Edition, February 26, 2013. 編按：本書作者探討她和母親卡西之間的相處與糾纏。卡西是一位單親媽媽，以社會福利金和販毒來扶養女兒，她對女兒的教養方式嚴重偏差。作者在大學時已成為一名嚴重酗酒者，最後決定離開母親及其負面影響，獨自生活療傷。

們都帶著巨大的傷痛，這些傷往往是由我們所愛的人造成。」讓我們深思，其實父母絕非永遠都是對的；這些教養過程中有意無意的過錯，如果從未獲得彌補，有時會對子女造成或大或小的傷害與延續一生的深層影響。

常看到許多案主陳述，在婚姻中最受不了的就是：另一半經常用粗魯的詞彙或霸道的態度來對待自己。也許不是百分百，但可以想見，她（他）們可能從小時候有記憶開始，就活在父親或母親間，權威或強勢的管教下，長期壓抑、隱忍，且敢怒不敢言。好不容易期待結婚後，不平衡的心理得以因丈夫或妻子的平等對待而逐漸平反，豈知另一半卻有如拷貝機，用著自己原生父母親的態度，繼續激怒並喚起其內心有如夢魘般的抗拒，於是無形中陷入反射心理，把對原生父母的排斥與憤怒，移情轉嫁到另一半身上。

案例：

曾經有位因殺妻未遂而入監的輔導個案，當我初次看到他的外表時，委實出人意料。這麼一位斯文、靦覥又瘦弱的男人，怎麼可能做出這麼殘暴的行為？

在一連串的諮商下，由他娓娓道來的生命歷程中，才發現原來他對妻子的暴力行為，有部分的心理狀況是來自對其懦弱父親的蔑視，與自小不滿情緒的積壓及移轉作用。

他痛恨母親氣勢凌人、惡習染身、公開偷人，更難以原諒父親的姑息養奸，完全無處理婚姻問題的能力，讓他長年背負著原生家庭的恥辱，成為同儕、親戚及街坊鄰居眼中憐憫的對象與笑柄。

趕快長大自立與原生家庭切割，成了他唯一的夢想。因此在婚姻中，他絕對不能容許妻子帶有母親的影子，而他更想徹底地摧毀父親帶給他難以磨滅的負面形象。如此交織糾纏的壓力，最終造就他對妻子出軌時的失控反應。

文化背景帶給兩性婚姻的刻板影響

除了原生家庭，父母親婚姻的關係會影響下一代的價值觀判斷、學習和仿效外，文化背景及社會的形態，也不能被忽略。

古時候的觀念，將夫妻關係列入人倫五常，在封建社會中，長輩的權威幾乎就是法律，因此子女即使已是成年人了，生活在這種必須仰人鼻息，自己作不了主的大環境下，豈能有自主擇偶的權利與機會？更遑論自由戀愛。

一旦拜堂成婚取得了正式的身分證明後，合法的配偶關係自然就成為社會特定的典範角色，以及傳宗接代延續家族命脈的義務執行者。從此「烈馬不置雙鞍，烈女不事二夫」，婚姻至死不渝的信念，根深柢固地成了社會大眾對婚姻的主流價值觀與道德判斷。

無可諱言地，在封建時代的性別架構，是建立在以男性主義為本位的基礎上，並刻意強化男尊女卑的必要性。但經過大時代的變化與檢驗後，部分思想較開化的男性，也緊追在女性主義的自覺下，開始有了自省的能力，並願以較客觀的心態來自勉。發現自古以來男性在預設了不平等框架的婚姻制度下，一方面既是破壞兩性和諧的始作俑者，另一方面自己的情感亦無法真正自主，長期下來充其量也只是隨波逐流的附和者。

男性一直相信，個人的精神需求，遠不及符合社會的需要來得重要，一切的成長過程與階段性的人格發展、角色定位，也絕非以自己的想法和利益為優先來作考量，而必須因循古訓的教誨。結婚成了只是透過女性交配成功並下種的媒介與工具，同時婚姻也讓自己完成了「不孝有三，無後為大」傳宗接代的孝道遵行者的使命。

因此不論是素昧平生且從未見過面的結婚對象，其出身背景是來自門當戶對抑或是指腹為婚，在長輩出面作主之下，均不得抗命或強出頭來為自己爭取幸福。否則後果將面臨到經濟斷源、家族公審、輿論撻伐以及各方面人際關係的孤立等一切超出想像的壓力，甚至會付出影響到生命延續的代價。

總之，古代男性結婚的主要動機就是——不辱傳宗接代的使命，至於三妻四妾或多子多孫多福氣，不過都是男人為合理化其縱慾行為所找的藉口。

至於古代的女性，從出生開始，只要涉及兩性和婚姻相關的議題，其命運就像油麻菜籽般半點不由人，一路坎坷而令人唏噓了。除了自小要徹底奉行在家從父、父死從夫、夫死從子的貞節與道德規範外，終生未婚的女性，其死後的魂魄則像受詛咒般地只能當孤魂野鬼，甚至被歧視到連牌位都進不了原生家庭的祠堂，只得暫厝尼姑庵。

而經配婚成對、明媒正娶合法進入婚姻的女性，其一生的境遇也不樂觀，因為嫁出去的女兒、潑出去的水，她至死都擺脫不了公婆與夫家的實質支配與掌控，只能在前途未卜的陌生人際關係中認命和妥協，跟原生家庭幾乎切割，在閉塞環境裡生活。

至於在婚姻中無奈死了丈夫的「寡婦」，則會被歧視地視為是「歹命女人」；因為丈夫外遇成了「棄婦」，則被偏見地認為是「壞女人」；至於意外或被強暴蹂躪下而「未婚生子」者，則被苛責是不安分的「賤女人」。日子縱使再委屈也必須忍辱偷生，盡其婦德無怨尤地犧牲與奉獻到底。

文明社會的婚姻仍受肯定

古代多少言情小說中，最引人入勝的地方，不是對婚姻鞠躬盡瘁的貞節牌坊，反而是「妻不如妾，妾又不如偷，而偷又不如偷不著」，滿足了情慾的壓抑與曖昧的偷窺。極權的社會與刻板的道德觀，不但綁架了性別，也埋葬了婚姻的真諦，更違反自然，扭曲了人性自主及情慾世界裡的真愛。

顯然凡事一體兩面且物極必反；所以才會發現，縱使在不同的時代中，總會有人提出對婚姻制度存在價值的質疑。但因種族的繁衍乃自然界的定律，因此仍有不少的社會、心理學家仍推崇自由、自主及開放式的婚姻關係，認為這才是兩性關係的核心價值。同時也指出，擁有一位適性的伴侶的生活方式，對人類壽命的延長會有幫助。

因此當我們適逢生活在此一既文明又自由的社會中時，似乎應深感慶幸，人人均能自由戀愛、自由擇偶且各取所需，理應從此西線無戰事才對，怎麼還會對婚姻存在的價值，更感困惑、徬徨與失落？

其中更有人點出了令人玩味的因果論，到底是封建而盲目的社會強制了宿命的終老婚姻？還是開明而解放的社會混淆了對婚姻的錯愛？

社會在蛻變，人心也在思變。時代的動脈再劇烈，依舊脫離不了「人不能離群索居」的現實。人格發展的過程中，青壯年階段是眾所矚目的適婚期，時間一到，就算自己不介意，但周遭親朋好友們善意的噓寒問暖也夠讓人煩惱的了。

因此不論是舊社會的三姑六婆還是E時代的社群網路，在人際互動的關係中，身心結合的慾望與建構家庭的築夢工程，終究還是脫離不了人類基因的遺傳。到底我們都還是活在一個不願辜負社會共同期待而心照不宣的地球上。

在面對婚姻這件影響自己一生甚鉅的抉擇時，我們只能盡情地把握機會，並善加利用。

父母看子女婚姻，尊重為宜

現代婚姻的形態，結構與內涵之層次已愈趨多元化，因此除了可以由當事人自己作主外，選擇婚姻對象的主客觀條件，也有了更多時空背景的伸縮和延展性。其中又以同性戀的結婚合法性，能獲得社會的普遍認同與接受，正是性別歧視的另一大躍進。

當兩人已開始論及婚嫁，以常態而言，雙方都會經過公開或私下求婚的儀式，和事前或事後徵詢彼此父母親同意的程序。

西方先進國家的父母親，在被成年子女引見對象，或被告知要結婚這件事，多半會採取尊重子女自己的選擇，而非為人父母者個人喜好的態度。

未經同意便採取強勢方式，介入子女擇偶或安排相親等這種事情，不是不可能發生，只是少之又少。因為在他們所接受的成人教育和社會價值觀上早已有了共識。除了人格獨立，經濟獨立外，最重要的是要學習、包容、尊重成年子女們感情上的獨立與自主權。

絕大多數西方文明國家的父母親，都能在已完成子女的親職重任之餘，感到欣慰並且釋懷，並在欣慰開始調整心態與做法，把成家立業後的兒女及他們的另一半，當作既是家人又是朋友的關係，而多數在婚姻中的雙方原生父母，也都能扮演好這種角色。他們更樂見子女們不再依賴原生家庭，不再是父母親的包袱或累贅。

西方父母從小就傾向栽培、鼓勵孩子要有足夠的信心，去面對人生各種機遇的抉擇，其中當然也包括了職場、婚姻以及生活的態度。而且他們通常不屬於光說不練的理論派，而是真的身體力行。因為他們確信成年子女有能力為其行為負責任，才是推動整個社會進步的原動力。

事實上，西方國家只是因為政治形態與社會制度比亞洲啟蒙改造得還快，種族、女權運動及兩性權益爭取的時間也比較早，對於個人婚姻自由、開放、獨立與自主性，才形成今日的普遍認知與共識，否則一路上的人權進化發展史中，不論是專制、傳統、保守與歧視也未曾缺席過。以下就是個實例，並取得當事人同意予以發表。

案例：

廿多年前，我專程到紐約拜會一位仰慕已久的女士，蘇姍•瓊斯，她是該市第一個成立為失婚女性提供協助服務的非營利組織（NPO）的負責人，年紀大我近廿歲。

在她一頭金黃色的鬈髮下，有一張明星般亮麗的臉蛋，而其行事幹練的風格，則完全不讓鬚眉；其穿著帶有時尚的嬉皮風，但說起話來又溫和婉約。我們可說是一見如故且相談甚歡，很快地就超越國界和年齡，成了忘年之交。

至今我仍特別心存感激，因為當年若不是透過她長期不斷的鼓勵與支持，我成立的「財團法人單親兒童文教基金會」在長年籌募不到經費，又不受政府當局重視的情況下，我不只一次想拆下招牌關門大吉。但蘇姍總是不斷地在太平洋彼岸的電話中，用一句簡單的英文「Just do it!」來挺我，彼此宣誓決不放棄，一起為地球上弱勢單親及兒童的福祉而努力。

二〇〇〇年我們曾經將一位在台灣被親人性侵害的幼小女童成功出養到美國，並接受長期良好的心理輔導與治療，這件個案背後的最佳推手就是她。

我永遠記得她辦公桌上，總放著一張用暱稱簽名的，一位俊俏的黑人青年的照片。幾次到她辦公室，我都滿腹好奇地想問他到底是誰，讓她如此地情有獨鍾，但都因涉及個人隱私而作罷。直到有一天，我記得那是仲夏的某個星期五的下午。

我們的個案研討工作坊（workshop）提前收工，於是她決定親自下廚，特別只邀請我個人到她家裡吃晚餐。我們選擇不開車，順便先到市中心逛逛。就在我們並肩坐上往她住所方向行駛的地鐵車上時，她突然用調皮的表情斜看了我一眼，我們彼此立刻心照不宣地笑了，那正是那張照片中小帥哥的表情。

原來放在辦公桌上的那張照片，是她跟第一任黑人丈夫所生的兒子，當時已經是位出色的人權律師了。

雖然美國一直很自傲是世界上最開明且沒有種族和性別歧視的國家，但距今約五十年前，情況大不相同。當年蘇姍是個白種的美女，父親是大學教授，母親則是女權運動者，可算得上是上等家庭，但跌破眾人眼鏡的是，她居然拒絕了所有白人的追求者，選擇與一位黑人青年在一起。

儘管這位黑人男友也是普林斯頓大學名校畢業的高材生，可是在當時保守的社會氛圍裡，她不但不被視為是勇於挑戰傳統的新潮女性，反而不斷地遭受來自白人的辱罵與攻擊，甚至連黑人男友的家族們也不領情。

當她不聽父母苦勸而仍執意要與男友結婚時，她坦承在心理上雖然早已做好了最壞的準備，可能父母親不會樂意為她舉辦豪華的婚禮；但她做夢也沒想到，沒有親戚朋友願意前來參加也就算了，竟然連自己親生父母親和兄弟姊妹也都正式缺席。

她自嘲地說，那次的儀式應不能算是婚禮，反而比較像是在公開場所搞私奔，完全嗅不出一絲絲被祝福的味道。從此以後，她的家族更以猶太教不得與異教徒結婚為由，將她驅逐出教會，並斷絕所有的人際關係，從結婚一直到廿年後其父母親分別去世之前，她仍然未能獲得他們的寬恕與諒解。

這是個多麼悲哀又令人遺憾的故事，我不禁追問她，後來她和丈夫離婚的原因，跟受不了來自父母親情斷絕後的壓力，是否有關係？因為有許多不被祝福的婚姻，往往也是令婚姻走向崩潰或仳離的因素之一。

她搖頭淡淡地回說：「親情的割捨總是遺憾，但那不能構成婚姻經營不下去的藉口，說也奇怪，有時人與人之間，就是連一天也無法再走下去。」他們維持了十多年的婚姻，但最後還是以離婚結束。

接下來她語帶自嘲地說，後來她的第二任結婚對象是白人，但婚姻依舊不保。即使如此，她仍相信婚姻的價值。而且她覺得自己很幸運，因為他的黑人前夫，也是兒子的爹，一直都是她最要好的朋友。

原生家庭的臍帶關係

在東方，尤其受中國儒家思想文化薰陶下的家庭，父母親對子女成婚一事的態度與西方可說是大不相同。所謂「教子幼孩，教妻初來」，光以過年除夕媳婦永遠得在婆家主中饋即可見一斑。這種仍「以夫家為主」的階級觀念不但成立，且仍普遍存在。

而為人父母者，莫不以親手扶植子女們成家立業，成全原生家庭的圓滿，且達到光宗耀祖的心願，視為理所當然的責任與義務，因此看似通達明理，但實際能真正做到不插手介入子女婚事者，實在不多。且東方父母常有對子女過度保護的心態，不是採取迂迴策略不肯放手，就是利用長輩的權威直接加以掌控。

這也就是為什麼許多個案，在婚姻出了狀況後，經抽絲剝繭的探討與分析結果，才發現原生家庭與成家子女的親情間，尚存有剪不掉又理不清的臍帶問題。

其實很多人在感情上並非真的已經完全獨立，較悲哀的是其本身和父母親也均未能察覺。因此在面對結婚事情的處理態度上，不自覺中就釋出並喪失了主角的地位，甚至不太介意在婚禮的演出中成為傀儡。有人一開始，就乾脆採取事不關己的隨意態度，樂意地把一切主導權均交由家長或另一半代為全權處理。

因此看似只有熱鬧一天的婚禮活動，因雙方家長均已涉入太深，一旦氛圍處理不妥，就足以令子女的婚姻一開始就種下惡果。多少人情的秋後算帳，以及親家們彼此老死不相往來的戲碼，都是雙方在婚事的籌備過程中，早就結下的樑子，只是當時彼此為了兒女幸福的大局著眼，暫時沒有讓衝突引爆而已。

可惜東方社會的民情，對父母親如此越俎代庖的情況，明知已不合時宜，卻也見怪不怪地淡化之。殊不知人非物品，子女是獨立的個體，更非父母親的私有財產。

近廿年來，明顯地出現少子化的情形後，在物以稀為貴的前提下，父母的保護更有變本加厲的趨勢。每個子女都是父母親的心肝寶貝，可是由於父母過度呵護，導致家庭教育功能失衡，不少成年子女，失去在職場工作中應有的吃苦耐勞和敬業精神，更換工作如同脫換衣服般地隨便，他們就職的心態就像時下嘲諷的打油詩：「錢多、事少、離家近，睡覺睡到自然醒；位高權重責任輕，老闆說話不用聽；五年就領退休金、領錢領到手抽筋。」

成年子女在經濟完全無法獨立的情況下，不但過分依賴父母的支援，甚至合理化成為全部仰賴父母的「啃老族」。而感情上過分依賴父母親的驕縱者，同樣地易養成性格上的「媽寶」和「公主病」。目前適婚年齡者，有以上兩種性格者更是俯拾即是，具備這種性格的人，又常是婚姻的不適應者。除非自己能有自覺，願意修正或改變，否則在婚姻經營的路上，雖未必一定失敗，也會走得相當辛苦。近日新聞就曾有一名新進員警，吃不了苦要離職，還要動員老媽媽代為請假、電話請辭的事件發生。

另外一件要提醒的事情是，成年的男女在面對兩性的關係時，不論是否有談戀愛或結婚的對象，都一定要找機會學習認識及了解正確的性知識，其中不但包括了身體結構與性器官的功能，還要確保從事安全的性行為，此外，婚前雙方的身體健康檢查更是不能少。

性教育這一環，在亞洲尤其是華人社會，不論是在家庭、學校和社會中，都往往是避諱討論和資訊不足的。但是性知識不足，卻性行為泛濫，透過許多傳媒、電視、電影的誇張渲染，導至「性自主」早被扭曲成「性氾濫」，這又是矯枉過正的另一面了。

第三篇

結婚到底好不好？

經常遇到不同年齡層的男女，都來問我同樣一個問題：「結婚到底好不好？」而我的回答數十年來也都不變：「結婚這件事本身沒有好壞和對錯的問題，結婚對象也沒有一定的標準，完全看你自己的需要、適性與決定！」

經常遇到不同年齡層的男女，都來問我同樣一個問題：「結婚到底好不好？」而我的回答數十年來也都不變：「結婚這件事本身沒有好壞和對錯的問題，結婚對象也沒有一定的標準，完全看你自己的需要、適性與決定！」

至於結婚後是不是能擁有所謂的幸福感，或者因後悔結錯了婚而陷入悲傷，恐怕也只有當事人自己最心知肚明了。因為人類所有發自於內心各種情緒的反應，雖然人人均可以同理心分享，事實上情緒的感受，不論個人還是集體都是相當主觀的。而跟情感有關的情境，縱使再接近事實的描述，對當事者而言仍有隔靴搔癢之憾。

當我們發現買錯了一件物品時，心情雖因失望而受影響，但大不了採取退貨、擱置或丟棄的方式來處理；同樣地，當我們交錯了一位朋友時，雖然也會因識人不深而遺憾，但至少可以用排斥、疏離或絕交的態度來了斷。

但婚姻關係則不可同日而語，因為它既不是物品也非泛泛之交，而是慎重地經過情、理、法的考量與執行，付出的一世夫妻情。

它不僅涵蓋真愛的付出、時間的考驗，還加上彼此願意付出心力，照顧彼此，共同承擔家庭的責任及承諾，才如獲至寶般地找到攜手邁向天長地久的伴侶、生活以及心靈的提升。因此這種表面儀式看來簡單，但其背後具備非凡的意義，實不可用輕浮，草率或不負責任的態度來面對。

問題偏偏就發生在，當愛情不論是偶發或刻意地來敲門時，往往會令人不自覺在心花怒放的驚喜或小鹿亂撞的激動下，由於求偶的費洛蒙（Pheromone）激素產生作用，而不顧一切地栽進了愛情的迷宮中而找不到方向，甚至再也分不清，到底此對象的出現是真愛難求、遊戲一場，還是另一個陷阱深淵？

王子公主，從此過著幸福快樂的婚姻生活？

為什麼歌頌愛情偉大的詩歌被流傳得特別多？因為人性的弱點中，再矜持的意志也難逃愛情魔咒的駕馭，尤其當人們神魂顛倒地陶醉在愛河裡時，可說是最甜蜜的忘我世界，同時又是千辛萬苦的磨難，也因此造就出可歌可泣的愛情故事。

如果你談戀愛的對象剛好就是對的人（Mr. or Ms. Right），加上沒有其他來自雙方家長及各路人馬的阻礙，那麼在眾人祝福下，當然就可順理成章地像童話書中的公主與王子，步上紅毯，並從此過著幸福、美滿、快樂的生活。

對於天真的戀人而言，不但相信婚後的公主和王子仍會如戀愛般地，過著幸福快樂的生活，而且也會天真地以為，他們自己的婚姻也不例外。

一旦發現在現實的婚姻生活中的真相，童話立即破滅。夫妻在雙薪經濟的推動下，不論王子和公主均必須卸去尊榮，每天按部就班提著公事包開車或趕公車，除了朝九晚五地上班打卡外還得配合企業主的需求，加班加到爆肝。好不容易熬到下了班，還得趕到超市，面對柴米油鹽醬醋茶和嬰兒奶瓶尿布……的張羅及採購。

週一到週五忙亂的日子過後，終於盼到了週休和假期，身心卻早已累到人仰馬翻，這時稚子還在哇哇啼哭，夫妻兩人面面相覷下，只差沒有淚雙行罷了。

其實婚姻中夫妻生活維持的壓力，往往都是在對愛情的憧憬逐漸褪色後，才真正展開如何合作、配合與持續長跑的考驗。這也是為何「少年夫妻老來伴」，即可道盡一般夫妻對婚姻的感受。因為彼此在生命糾結的生活經驗中，經歷了共同的記憶與回憶。

婚後的新人際網路

單純談戀愛時，只須面對原生家庭以及熟悉的人際關係，分享自己的心情故事。與真正打算結婚時的形態，可說是截然不同。因為結婚後，除了仍須保有原生家庭的互動關係外，更必須提供雙方長輩，及其他家庭成員認識與互動的機會。

儘管新婚夫婦才剛組成新的家庭，要進入學習、摸索與調適的階段，可是立刻出現在雙方面前的新人際網絡，才真正在考驗著新人。其中包含了夫家方面的公婆、大伯、小叔、大姑、小姑等，而岳父母家方面則有大小姨子、舅子等姻親的關係。就已經需要開始打點了；還不包含左鄰右舍，還有彼此職場的老闆和同事們。

婚前單身，若不善交際，通常比較不會受到責難，甚至被視為是老實或內向的特徵，大不了用有點「怪」來形容，就已經極致了。

一旦結了婚，夫妻變成別人眼中的先生和太太後，「不善交際」已不足以形容人緣的好壞，其他類似不近人情、不通情理、不知分寸、不懂進退、不盡本分……等負面的批判，都有可能紛紛出籠，四面八方，如潮水般地湧進，直到當事人潰堤。

當然你也可完全不在意來自夫家或娘家的任何批評，堅持做自己，過自己想過的生活。但終究，婚姻不只牽涉到個人，而是兩個家族以上既錯綜又複雜的人際關係，甚至也是足以影響社會發展的一股無形力量，因此才會有「人在江湖，身不由己」之慨。

一位新娘因與夫家鬧彆扭而氣得回娘家哭訴，跟母親抱怨了起來：「早知道結婚比沒結婚時更麻煩，乾脆不要結算了。可是當時你們為什麼都不勸阻我呢？」她母親一邊替她拭淚，一邊淡淡地回答：「怎麼沒勸過？但妳會聽嗎？」

一位新郎勉強舉行完婚禮竟退縮不願進洞房。父母親不解地問他，新娘是他自己選的，到底為了那一樁理由？他卻說不出所以然來，只覺得從訂婚那刻開始，他就感到對這位曾經深愛的女人愈來愈陌生，愈來愈可怕。

道理人人會說，但所謂「家家有本難唸的經」，或許每個家都會給夜歸的人留盞燈，屋裡屋外的溫度卻不盡然相同。夫家、娘家，終究不是咱們原來的家。

世界的婚姻制度看似大同小異，但進出婚姻門檻，形形色色的男女對婚姻價值觀的看法卻不盡相同，婚姻牽涉到的不僅是對彼此責任的承諾，還有法律上的規範。

靠直覺選對象，機率就像中樂透

最終還要提到有關人性的問題。即使透過宣誓與見證才結婚，但人性的弱點往往就是禁不起內外在誘因的考驗，包括是否能對彼此誠信與忠貞。這也是為什麼宗教在婚姻的告誡中也包括了包容、原諒與寬恕。

其實，經營婚姻不比企業經營輕鬆，是既費時又費力的艱辛合夥工程，因此婚前擇偶的對象就變得愈發不能馬虎。

你在婚前若一味地以自我感覺良好的主觀和固執來盲目戀愛，而不願意多花時間跟戀愛或結婚對象，做近距離的觀察與了解，只會成全了對方，利用你的天真來製造投你所好的浪漫假象，且輕而易舉地讓你不自覺地陷入自欺欺人的泥淖中無法自拔。

光靠直覺而意外地獲得好姻緣不是完全不可能，只是就像中樂透一樣，終究機會太小了。當然也有人會反駁，就算是婚前精挑細選的對象，也未必保證婚姻一定會幸福美滿啊！不錯，但至少，若你婚前不把結婚當兒戲，且婚後曾用心經營與努力過，即使日後不幸地，婚姻還是出了狀況，或者必須忍痛結束，但至少彼此清楚，犯錯及必須負絕大部分責任者，未必就是你。

人生的另一境界就是把生活中的各種遺憾降到最小。

婚姻從找對象開始就是「選擇題」，那麼結束婚姻關係也應該是在選擇中作決定，而非無知和無聊地一直繞著是非轉。必要的時候，快刀斬亂麻而選擇灑脫地離開，把遺憾留給對方是明智的，因為生命總得往前走，但一定要讓心和腳都跟著自己，才會走得更遠更穩更自在。

婚姻但求知心人

幸福的範圍很廣，內容不勝枚舉，個人感受更是冷暖人間。我們的一生中，有太多童年的回憶，是支離破碎的拼圖；太多性格上的盲點，是來自於無法消弭的偏見與刻板印象。

有人說：年輕需要活力，中年需要財力，而老年需要體力。又有人說：現金、老友和寵物是人生必備的伴侶。為什麼獨缺婚姻的伴侶？因為要找對結婚對象又能夠攜手白頭偕老，是漫長的歲月裡加上愛、了解、包容、寬恕和堅持所累積的共業。何況親密關係如夫妻，也只能夠同日生，卻無法同日死。

仳離固然不見得是壞事，但結婚到底好不好？若能有個知心的伴侶同在，又可避免孤絕終老一生的話，婚姻仍有其值得為它奮鬥的力量及價值在。

第四篇
婚前應知的十件事

婚姻與新兵入伍有異曲同工之處。當自己一個人即將面對一個全新、陌生，且無百分百把握的新環境時，其心境可說未必有多高的期待，但卻真的怕被傷害。

「現實生活的經驗，殘酷地告訴我們，要找到好的戀愛對象已經很不容易了，而要找到對的人結婚更是難上加難。至於能找到對的結婚對象又可成為彼此的心靈伴侶，恐怕只有等待奇蹟或下輩子了。」以上這段發自肺腑的感慨，居然是出自一位情場老手的口中。

對那些歲月已屆熟齡，卻連一場曇花一現的短命戀情都不曾嘗試過的曠男怨女們而言，想必更是心有戚戚焉。

就像小孩子第一次單獨上學，父母親總會提前把學校長得什麼樣子，校長、老師、及同學們的個別身分、地位、功能和權限，一再重複地解釋、交代和叮嚀；其實都在建構一個足以引君入甕的美景幻象。

婚姻與新兵入伍有異曲同工之處。當自己一個人即將面對一個全新、陌生，且無百分百把握的新環境時，其心境可說是未必有多高的期待，但卻真的怕被傷害。

為了消弭對婚姻心理障礙的壓力與恐懼感，親情的支持與關懷當然是很重要的鼓舞力量，但是求學和入伍都有階段和時效性，而結婚則是一輩子的事。

即使婚姻制度再開放，對婚姻的價值觀不應當成做愛的保險套，應景又隨便地用完就丟。而結婚的形態，也不論未來是否還會以更令人驚奇的模式出現，最重要的還是在於你們當事人，自己身心各方面是否都已經準備好了？雖然有人主張結婚需要衝動，但為了避免結婚就錯在開始，而自己卻仍處在一副無辜的樣子，還是要慎重才好。

因此成年人在選擇進入婚姻前，不論性別、學歷、職業、宗教觀等，均應具備充分的心理建設，及對婚姻定義的基本理解，以下提出十個條件供君參考：

一　除身心健全外尚要具備經濟能力。

二　近身觀察對方，彼此深入了解家庭背景。

三　修正習性，成熟地面對婚姻的挑戰。

四　要有角色承擔的能力與突破的勇氣。

五　莫讓繁文縟節破壞了結婚的本質。

六　要有防範及面對婚姻衝擊的心理準備。

七　夫妻的信任是建立在愛與尊重的前提下。

八　婚姻的進場和退場機制但看個人智慧。

九　要能自省不找代罪羔羊才能看清自己。

十　生兒育女非傳統使命而應順其自然。

一　首先你要確認自己的心智與生理均已健全，而經濟能力就算不足以供給整個家庭，至少要有能與另一半共同承擔的能力。

世間難討公道，而世人各有先天和後天的差異。有的人四肢健全卻遊手好閒而整天無病呻吟，但有的人則殘而不廢且逆境中努力莊敬自強。

婚姻不只是釀造家庭幸福的泉源，同時也是社會責任的共同承擔。必須先確定自己是個身心健康的人，才有資格結婚。因此婚前雙方身體檢查是有其必要。

不論是戀愛中或是已有對象而欲結婚者，經常會被一個很現實的問題困惑而不免心生猶豫，並常會捫心自問：「到底愛情與麵包，孰者重要？」

其實這個問題，雖已不再新鮮，但卻會是影響婚姻生活品質的重要因素之一。婚前戀愛時，餓了、渴了、累了，為了愛什麼都可犧牲奉獻。即使彼此相擁共擠在便利商店吹冷氣，共喝一瓶廉價飲料和一個飯糰就可輕易打發時間。或者臉皮厚一點，乾脆在外遊蕩，等吃飯時間到了，直接帶著男女朋友回家由父母供養。

為愛而活最浪漫，但貧賤夫妻卻是百事哀。金錢當然並非婚姻幸福的主宰，但至少有足夠維持一個家庭經濟能力的來源，比較容易應付婚後日常生活中，食、衣、住、行、教育、娛樂、健保……等多元且不能少的需求與滿足。

尤其一旦有了子女後，長期提撥教育基金、如何提供一個較有品質的成長環境，這兩個重要規劃，絕對不是光靠喊口號或施捨就可以完成的永續工程。積穀存糧也許不純是為了防飢，但至少可以增進生活品質的優質和安全感。

因此，經濟能力在婚姻中永遠佔著相當重要的分量，千萬不可小覷，更不可一廂情願地苛求對方必須委屈求全。

曾經有對戀人，個別分開來看都是我極欣賞的浪漫專業藝術家。但結婚後，我只能用「慘不忍睹」來形容他們過的日子。藝術靠靈感創作，但作品的出路則需要有市場行情。尤其當孩子出世後，雙方就因經濟日益拮据而開始彼此責難了起來。

丈夫怪妻子嘮叨和嬰兒哭鬧的氛圍扼殺了他的創作靈感，妻子責怪丈夫根本就是夜郎自大，終日不事生產，是個只會為自己的無能狡辯的自私鬼。

另一對夫妻則因生意失敗而陷入經濟危機，為了逃避討債，只能日沒夜出、東藏西躲地過著非常人的生活。父母各為張羅生計而忙碌，因此一對子女在疏於管教的情況下，不是叛逆蹺課，就是染上惡習，造成令人心痛的失序家庭。

二　與對象的家庭和朋友，有較深度了解及就近觀察的機會，且彼此都有虔誠期盼結婚的心意。

「認識彼此」可說是維繫美滿婚姻最重要的元素之一。為什麼要特別強調這一點呢？因為在輔導不幸婚姻個案的過程中，有太多的案主們，都以自己「識人不清」而後悔不已。

有錢固然可以買到快樂，但空虛的心靈卻是任何物質所不能取代和填補的。否則哪來「相識滿天下，知心無一人」的感慨？

對於知心好友的定義，英文有句俗諺：「摯友相知無須多言。」（A real friend understands you without words.）台灣也有句俗話：「需要的時候，第一時間跳出來的就是朋友。」

夫妻若能相知、相惜、相扶持，則世界上任何企業的結構組織，也都比不上彼此能夠同心協力、心靈契合的夫妻關係來得更緊密和堅固。因為朋友不一定能成為事業夥伴，而當得了事業夥伴，也未必就是能以身相許的親密愛人。因此既是知心朋友又能成為信任夥伴，則非屬夫妻不可了。只是有個前提，就是你們對彼此真正的了解到底有多少？

因此若有意考慮步入婚姻者，除了針對結婚對象個人的性格、興趣、嗜好及專長，要有全盤和深入地了解外；還要更進一步主動地去認識他（她）原生家庭的成長背景，仔細觀察他（她）和家人或朋友們之間的互動與交往的關係，如此一來，不但對他（她）的品德有最直接的了解管道，也是最容易解惑，補捉事實、真相的方式。

包括一起長途旅行都是可以觀察對方是否有團隊精神、同理心，還是自私自利、貪小便宜……等特質的最佳時機。

案例一：

一位林小姐（化名）與周先生（化名），交往了兩年多，對方不但一表人才且溫柔體貼到家。雖然林小姐一直對於男友總是不帶她去見其家人的態度，有時也會感到疑惑與不諒解，但因為周男每次均能找到合理的理由說服她，屢屢使她無法計較，知難而退。

反而因為自己心胸寬大且不拘小節，所以林小姐的家人都很熱忱地以準女婿的規格來接待周男，甚至女方家長也因愛屋及烏地一再釋出善意，並且同意他們可先同居的條件。

可是長期以來，都是一味地由林女單方付出的情況下，最終令林女的父母親對於周男是否真的有結婚意願，或是另有其他不可告人的隱情，開始產生了疑慮。

後來還是在林父忍無可忍之下，找了徵信社追蹤，才赫然發現原來周男不但早已結婚生子，還在失業中。

案例二：

一位科技公司工程師小張透過婚姻介紹所安排，認識了一位彼此都願以結婚為前題交往的游姓女友，兩人交往了約半年左右。突然張先生正式提出分手，令已有待嫁女兒心的游女相當難堪與錯愕。

事隔多年後，再去向男方追究分手的真相時，張先生不再忌諱地坦誠相告，游女不論外表、學識、工作及收入等條件均符合他結婚對象的條件，但卻有兩件事情留給他深刻的印象，足以令他在三思之後仍決定放棄。

第一件事情是發生在他們交往三個多月進入了熱戀期時，每逢他們兩人在外約會完，他都會先送游女回家，並會進去跟女方家人問候或小歇片刻才回家。有一天他也照例從游女家準備回去，但走出大門才發現他忘了拿雨傘，於是只好又轉身回到游家。當他順著公寓的樓梯爬上三樓的游家時，才到門口就聽到游女不知為了何事，正和她母親激烈的爭執。

張先生一時愣住了，他的腦袋彷彿突然五雷轟頂般地一片空白，他實在完全無法想像，平時在他面前一直是既乖巧又溫順，講話幾乎都是輕聲細語的游女，此刻正在屋裡，不但氣呼呼地一面用手指直對她母親大吼大叫，並不時夾雜著不堪入耳的髒話，嚇得他頭也不回，轉身就快步溜走了。

而另一次的事件，則與游女到他家作客有關。記得有個週末，適逢張男的父母親與弟弟同時出國不在家，因此張男帶游女一起回家，並建議可以租影片來看。雖然游女已經來過張男的家裡很多次，可是沒想到未經張男的同意，游女就逕自闖入父母及弟弟的房間，東摸西看，還拿起母親的珠寶對鏡試戴。當她發現張男的臉色有些沉重與不快時，才趕忙放下手中物品，緊靠過來撒嬌地對他說：「哎呀！人家只是好奇嘛，連看一下也不行嗎？」

因為結婚對象的生活態度、品德好壞，及人格特質，都會關係並影響到婚後彼此之間信任的程度，而對方真實的個性與自己期待之間的差異，更會直接影響到，是否有溝通的能力和接受挑戰的極限。

因此，若不趁著婚前先認清對方，再各取所需的話，婚後恐怕只會經常處在為揭開彼此偽裝下的真相或短處而開戰的情況。如此一來，婚姻生活若不是老困在雞同鴨講的窘境，就是轉成同床異夢的冷戰，最後形成怨偶，而只能以離婚來收場。所以才會說「寧缺勿濫」。

至於雙方認識時間的長短與結婚幸福與否，就比較沒有絕對直接的連帶關係，有人是一日不見如隔三秋，但也有人是對面相坐不相識，無語問蒼天。

如何落實彼此的深度了解，對婚姻的長期經營絕對會更有幫助。到底有人愛情長跑了好多年後，仍選擇了分手；但也有人就在一見鍾情下閃電結婚，竟也白首偕老。

三 最好能對過去一味堅持或過分固執的生活方式，做某些修正或變通，以便讓自己在婚姻中變得更成熟。

也許因為長期以來，你都是維持單身獨處的生活形態，無形中在性格上，已養成了幼稚、天真、孤僻、潔僻、易怒、邋遢、浪費、無時間觀念……等行徑與習性而不自覺。加上家人和朋友們大概也都早已習慣了，前者是包容，而後者則是事不關己，因此你也渾不在意，導致在人際關係的發展上，你或許已經察覺到些許障礙存在的情形，卻因沒有親密的情侶或另一半的真正在意、注意和介意之下，一直被疏忽了。

一旦結束單身而進入婚姻以後，很快地就可感受到情況大不相同。因為幼稚的行為到底只是孩童的專利，「家庭」並非個人可以一味耍賴的地方，而婚姻是為了要共同經營親密人際關係及親職教育，由夫妻一起建構並以真愛為出發點的環境。

對成年人而言，諸如打電玩、上網購物等行為，都是時下常態性的嗜好、娛樂；沒什麼了不起，其實不用大驚小怪，無須道德勸說，甚至還要有幽默感，並鼓勵夫妻培養共同的興趣與話語。只是一旦把這些娛樂活動完全變成了生活的重心，就不免會令人憂心。因為過分地沉迷就接近了墮落，而婚姻中只要有一方背道而馳，家庭的正常運作就會失去平衡。

「只要我喜歡有什麼不可以？」這是一種強化自我的態度，本無可厚非，但除非你們夫妻已下定決心要當頂客族而不準備生育，否則在這個地球上，父母親一切的行為舉止，都是子女們最早也最直接學習與接收的對象。有些父母親更是子女崇拜和模仿的偶像。而後天環境的影響力和先天基因的遺傳，對人格的發展均同屬重要。「天下無不是的父母」，這句話應修正為「為人父母者不但是天職，更需要學習」。

所謂「人不為己則天誅地滅」，雖說自私乃是天性，卻萬萬不可凡事唯我獨尊，固執和一意孤行，謙虛的人才有福。有句成功者常用來自勉的話：「欲做高高人上人，先學海底低低過」，願分享並共勉之。

曾經有位離了婚的朋友，當他每次看到我的時候，不管只有他單獨一人還是有其他人在場，他一定會用又滄桑又無奈的口吻一再重申他的悔恨：「黃老師！妳說的最對了，婚姻中真的不要輕言離婚兩個字。這麼多年過去了，到現在我還是搞不清楚，當時為什麼會鬼迷心竅地堅持要離婚？看不順眼對方的一切，不就等於也在否定自己的眼光嗎？現在想起來沒有一件是什麼國仇家恨，全都是生活習慣的衝突與觀念的矛盾而已。」

這人世間，婆婆如何想盡辦法破壞兒子和媳婦的婚姻，而媳婦又如何耍心機企圖分化婆婆與丈夫間的親情……種種不幸悲劇與個案，不因時代改變，仍在持續上演。若想走進婚姻，除了應先從改變或修正自己開始外，更應學習讓自己的人際關係更開闊、成熟，廣結善緣。婚姻是透過夫妻生活的結合，拓展原生家庭以外的新人際關係。這種從天而降的姻親關係，看似簡單其實複雜，從名分上看來是親上加親，但在現實生活的互動裡，表現出來的是彼此客氣加客套。

明知婆婆幾乎不可能取代母親的角色，而媳婦也很難一夕間就變成親生女兒，但一定要有「愛屋及烏」，「人溺己溺」的同理心，縱使彼此是經移花接木才變成家人，仍要用愛心和耐心，化阻力為助力。

四　結婚是自始至終的責任承諾（Commitment），要有真正承擔的能力與突破的勇氣。

戀愛時的幻想空間，可以像氣球般地飽滿，也可以像風箏般地自由飛翔，願飛多遠就有多遠。但在現實生活中，美夢雖然依舊，可是人事已非；不只是氣球可能被戳破，風箏也將被線纏繞而難以脫困。

如果你真正有結婚的念頭或意願，那麼首先你就要跳脫對婚姻一廂情願，或過分浪漫天真的幻想心態。你要結婚，就表示你承認自己是個心智成熟的成年人，而且有自信能和對方共同承擔一切，並樂意建構屬於你們理想化的家庭。因此對婚姻誓言下的彼此承諾，變成是很重要的責任及誠信問題。

事實上發自於內心的承諾，是種真正需要勇氣承擔的挑戰，要願意以誠實及負責任的態度來面對。除此以外，更要能夠發揮運動員堅持毅力的精神，鎖定白首偕老的長遠目標，一路攜手共度未來與未知的所有困難及關卡，絕不輕易放手。

西方在結婚典禮或宗教儀式中，雙方是在牧師，神父或其他證人的見證下，互相同時對婚姻許下承諾，通常神父或牧師會分別跟新郎及新娘說這段話：

「在上帝以及今天來到這裡的眾位見證人面前，我（新郎全名）願意娶／嫁你（新娘全名）作為我的妻子／丈夫。從今起直到永遠，無論是順境或是逆境、富裕或貧窮、健康或疾病、快樂或憂愁，我將永遠愛著您、珍惜您、對您忠實、直到永永遠遠。」

在徵得雙方的同意下，神職人員才會公開宣佈，這對新人在上帝及眾人的祝福下正式結為夫妻。

因此對結婚這件事，如果你心理上還沒有真正做好準備，而且在能力與勇氣也尚不足以承擔此重任情況下，不妨還是先佇立在結婚紅綠燈的平交道前，做好停、聽、看的婚前進修吧！

五　戀愛是兩人的事，而結婚則關係兩個家族的事。但莫讓世俗的繁文褥節破壞了婚姻的本質。

雖然已屆適婚年齡，也有了心儀的對象，並且談了好一陣子的戀愛，可是這並不表示如此穩定的狀況下，就真的可以輕鬆、順利、面對及應付，可能發生的逃婚、棄婚、悔婚、退婚……等各種突發狀況。

針對結婚事宜，可能彼此因性格上的差異，思想及意識形態的不同，還有雙方原生家庭文化及背景的缺乏了解，徒增了雙方關係的緊張，而帶來不必要的困擾。但看你是否願意冷靜溝通，並給彼此尊重及包容的機會。

尤其亞洲的東方習俗中，因深受儒家思想及道教文化的影響，在進入論及結婚典禮的儀式與細節時，雙方家庭因價值觀的不同而引發出以下事宜，為了維護各自顏面與尊嚴，及實質權利和利益的較勁，才真正要展開。

諸如：需不需要先合八字？要不要先訂婚？媒人由誰來當？聘金和喜餅的數目能否達成協議？宴席是合辦還是分別由雙方各辦？合辦的宴會場所是要在市中心還是郊區？新郎的西裝及新娘的婚紗該由哪一方來支付？若合辦男女雙方的預留桌數是否旗鼓相當？如分別請客，應預留幾桌給親家才合適？請帖用中式還是西式？雙方家長各派人負責收禮金？還是全部交給新人處理？菜餚採用傳統辦桌還是新潮的自助式？而菜單內容全葷、全素或葷素兼備？婚禮在教堂還是在飯店？喜宴主桌中有無重要來賓要上台致詞？萬一賓客來得太多，添加的桌數費用該怎麼算？而且結婚宴客完是立即出國度蜜月，還是立刻回夫家報到？

以上林林總總，是根據印象所列出的大綱，但相信離各別個案的實際狀況，恐怕還有一段距離。結婚本是人生重要且值得慶祝的日子，但為什麼會演變成像喪家般地愁眉苦臉？前文就曾提過，很多不必要的麻煩，均因為雙方的家人介入太多所導致。

幸好時代仍在進步中，而為人父母長輩者的觀念也漸在改變。加上E世代的兩性，也較有主見和創意。

受少子化趨勢的影響，很明顯地已有很多現代的父母親，因著實害怕不婚不生的情形會頻頻出現在自己的兒女身上，因此也默默地識相到只要是兒女自己滿意的對象，父母就能接受的現象。

當你在面對婚姻有問題與困境時，如有原生家庭願意適時伸出援手，提供最佳的避風港，再加上有親朋好友們的及時陪伴，更是補充另一個紓解你情緒的自由管道。

這些都是你生命旅程中難得且幸運的貴人幫。

但成年人一旦選擇了婚姻，終究不能再像孩童般地老把這些資源，當做是唯一能縱容或保護你的安全沙堡。

因為你們已開始建構了新家庭，就必須一起努力為這條新船而啟動，並展開嶄新的人生。否則「你不殺伯仁，伯仁卻因你而死」，彼此無擔當的結果，只會徒增雙方父母的惡名罷了。

在解決夫妻之間所發生不愉快事端的過程中，切記不要太激動或太衝動，尤其是第一時間，應避免向雙方的原生家庭告狀。因為絕大多數的父母總是主觀而護短，在捨不得自己的子女受委屈的情況下，容易隨著情緒起舞，而犯了偏聽或有失公正的判斷。

到底婚姻仍屬生活的隱私，若要找親朋好友們傾述也要格外地謹慎小心。因為朋友分很多種，真心關懷的當然有，但到底有幾個的觀點與立場是夠客觀？

有些喜歡捕風捉影的朋友，根本斷章取義就立刻轉播，更有些朋友根本就是不懷好意，等著看朋友的笑話，如此一來只會擴大來自各方負面情緒的張力，於事無補。

六 漫長的婚姻生活，並非永遠風平浪靜。會帶來各種看似可預測，卻又難以防範的衝擊與挫折，要有能獨當一面撐起整個家變，與奮鬥到底的決心。

古人說：「十年修得同船渡，百年修得共枕眠。」但對一切講求快速的E世代人而言，婚姻生活就是角色扮演的投入，合則聚，不合則散。

夫妻若能同舟共濟，則諸事較易水到渠成，但就怕天不從人願。因為一個意外事故，從此就變成了鰥寡的身分。一旦有一方外遇，也可能從此變成了單親的棄婦或曠夫。但這些人生悲歡離合的苦難，從來就不是結婚的真正目的。

現代的人際關係，正流行著「誰在乎誰就須多擔待一點」的論述。事實上婚姻裡有時也確實有一方為主，一方為輔。只是負責的那一方，也同時會是成長最快的一方，不見得就是吃虧。

因此，要學習當一位負責任的船長，不論遇到任何驚濤駭浪，都要嘗試用各種方法來渡過，除了救船外，還得保護同船船客的生命及權益。此時，展現意志力，便是突破危機的力量。總之不到最後一分鐘，就是不能輕易宣佈棄船。

依我個人近卅年的婚姻輔導專業和實務經驗，把婚姻經營學分成四個階梯。即「婚前的進修」、「婚後的維修」、「婚變的補修」以及「婚劫的重修」。

而在其中的任何階段裡，都忌諱輕易地將「分手」或「離婚」這兩字，脫口而出、常掛嘴邊。別忘了「狼來了」的寓言故事，事實上是隨時可能發生在我們的生活中，莫逞一時之快，等事到臨頭，才發現自己並非贏家。

學習溝通技巧和如何減少衝突的傷害，是夫妻維繫婚姻必備的課題。既然你知道自己不是聖人，也就無法要求對方是完美的。因此遇到問題時，若願意先放下個人的主觀與成見，「用心」地聆聽對方的訴求後再回應，要比急著用情緒反應或怕輸給對方而反彈，來得有誠意，找「適當時機」表達你真正的想法才有效益。

這些做法也許未必是萬靈丹，但無形中培養包容彼此的能量已在平和中孕育而生，而你也會慢慢地發覺自己變得更成熟和更有魅力，甚至成了談判高手。

遇到任何問題，不妨先釐清事實的真相，若夫妻雙方能夠理性的對口，進行誠意的溝通最好；在此之前，都別太心急和情緒化地做出任何親痛仇快的行為。

若願意主動地請教專家，或向全國有公信力的社福單位求助，也可以緩衝一下主觀的思考；避免做出一錯再錯的決定，而妨礙了一切努力的代價。

曾有一位為情所苦而跳樓自殺未遂的男性案主，十分後悔為什麼當時就是吞不下那口憤怒的鳥氣。結果就算死諫依然無效——反而更加速對方逃跑，妻子還是跟別的男人跑了，他卻從此坐上輪椅，哪兒也跑不了。

給對方犯錯的權利，並非縱容或失責；給對方較大的空間，有助於彼此的反省；至於給對方一段時間，則是讓他有機會去解決自己的問題。

你一定會質疑，如此善待敵人，那自己又將情何以堪？不妨先想想，對方曾是你的最愛，如今卻變成最恨，假設對方罪該萬死，難道你就可以身為共犯卻免責？再說以退為進是策略而非棄械投降；事緩則圓，用不著急於一時，非趕盡殺絕不可。

當你已竭盡全力挽救卻仍回天乏術時，屆時你所做的任何決定，也許未必正確，但至少傷害已經降低，且無憾矣。待雨過天青後，不論你的未來將以什麼身分重新出發，此時你的心中相信已無罣礙，且帶著滿滿的信心與祝福，腳步將更平靜、穩健。

七　有愛而缺乏尊重，則愛是主觀而膚淺；有尊重卻缺少了愛，則尊重是矯揉造作的客套。

事實上在結婚之前，至少有二、三十年，甚至更長的歲月裡，對彼此的生活背景，和成長歷史的軌跡，可能是完全沒有交集，更談不上進一步的了解。

而夫妻的結合是從彼此原生家庭出發，再延伸發展的緣分。同時也是綜合了友情、愛情和親情的養分，所醞釀而成的一份特殊的親密情愫。如今雙方既然能深愛著對方，並打算步入結婚禮堂，則表示從對方的身上，你已看到了他（她）令你欣賞、喜歡、佩服和肯定的某些人格特質。

因此你必須願意花更多的耐性，甚至陪上一輩子的時間在他（她）的身上挖寶。

只要你是由衷地、感恩地、喜悅地把尋尋覓覓已久，才找到樂意攜手步入禮堂的對象，當作是如獲至寶，你才能真正由其中的榮耀去體會出，那分屬於你自己慧眼識英雄的奧妙與驕傲。

案例：

我有一位企業界的老朋友，他本是貧困家庭出身，從小就被送去當木工學徒。當年結婚的戒指是路邊攤買的，而訂婚下聘用的錢是跟朋友標會來的，結婚那天穿的西裝，則是葬儀社儀隊的朋友提供的，甚至連皮鞋也是朋友借他穿的。總之，結婚這件事對他而言，只能套句台語「一塊人恁你找」（註：我只剩一個人，你自己看著辦！）幾乎婚禮所有繁瑣的事情，包括以上所描述的內容，全都由其現在的妻子，掏出其當時擔任美髮師時的儲蓄，並一手打點。

此位企業老闆，在經過了廿五年的打拚生涯，成就可說早已達成「五子登科」（妻子，兒（女）子，房子，車子，銀行的存款本子）的境界，更曾當選為全國中小企業楷模的榮耀。

幾乎知道他們結婚過程的朋友們，都不禁會好奇地問他的妻子，是什麼樣的因素和動機，讓她敢冒險嫁給這麼個一無所有的男人？

企業家的妻子，她總是用著一貫開朗的笑聲，略帶幾分得意地說：「沒錯，他的確是我所愛的男人，但我愛他的同時也必須先確定，他值不值得我尊敬。如果他真的一無是處，而我還愛他，豈不是大傻瓜？光以他不偷，不搶，不貪，不懶，不靠祖產，完全靠本事自力更生外，他又孝順，又無不良嗜好，就是個真正值得令人尊敬的男子漢！何況人窮志不窮最重要，至於結婚嘛！典禮儀式只是一天的代誌（事情），都是演給雙方長輩、親戚朋友和來賓看的，應付一下就好。我當新娘子的都不計較了，別人又何必太認真？」

同樣地我認識一位永遠把妻子當寶的丈夫。其理由更簡單，只因他個人很少應酬，也不喜歡外食，而偏偏妻子除了能夠傳承他母親生前的食譜、燒得一手好菜外，還更上一層樓地，隨時都能滿足到他們家作客的親朋好友們的味蕾。因此應驗了要走入愛人的心先要滿足他的胃的說法。總之這正是她被又敬又愛的強項。

另外有位男士，他的妻子是位名女人，有人問他會不會因為大家都介紹，他是某位名女人的丈夫，因此而感到尷尬？沒想到這位男士不但很有信心且幽默地回道：「怎麼會尷尬？我有幸天天都在享受名女人的風采。」

八　婚姻關係是對人性最嚴厲考驗的集散地，而且進場和退場的機制往往也完全由不得人——但至少可以留下令人懷念的背影。

世上數十億的茫茫人海中，不論是靠直覺還是感覺而愛上了彼此，也許你不是最優者，但想來另一半也未必就是最差，至少曾有過相互吸引或物以類聚的知己感不是嗎？而人性的弱點更易凸顯婚姻關係的脆弱，如外遇事件、染上惡習、負債累累……等。因此若不能寬恕與原諒，並給彼此重新來過的機會，不妨學會灑脫地分手。就算做不到給予對方祝福，也犯不著帶著仇恨和詛咒度過餘生。

案例：

有位A小姐和B先生，兩人都離過婚，A女經過兩次婚姻，而B男則有三次婚姻紀錄。若以一般世俗的眼光來看，他們都應該被列為「可疑」的對象。

但很奇怪地是A女愈嫁愈好，B男也愈娶愈幸福。我忍不住好奇地把他們的經歷拿來作為個案研究分析，終於發現，在他們的身上都有一個共同點，那就是他們進場時的各方條件或許不盡如人意，但他們退場的態度卻是一流的。

A女至今和她前夫的現任妻子，仍是商場上的合作夥伴，而前夫更是她現任丈夫的球友及同一扶輪社的社友。兩家不但互通有無，連雙邊的子女們也親密如手足。

B男在第一任妻子再婚時，專程應邀到國外參加她的婚禮，甚至充當伴郎；至於第二任妻子本身也是再婚者，但她在與B男離婚後，居然把其與前夫生的小孩也一起丟給B男撫養。數年後，當B男的第二任妻子要來討回她和其第一任丈夫生的小孩時，孩子竟然在親生母親面前表示，他寧可選擇與他完全無血緣關係的B男當父親，也不肯跟她走。

B男最後還付給潦倒的第二任前妻一筆錢了事。臨走前，這位第二任妻子交代B男的第三任妻子一句話——並不是請她好好照顧他們的孩子，卻是告訴她，要好好珍惜身邊這個男人。

不論A女及B男兩人各自離婚的理由為何，但可以理解的是，他們都有智慧地，願把離婚可能為彼此帶來的傷害、後遺症的風險降到最小。他們也都曾語重心長地表示，人生在世追求的是快樂，不必拿別人的錯誤來懲罰自己。

既然是曾經愛過的人，只是自己或對方不再適合彼此罷了，又何必硬要把對方當仇人看待？何況人各有志，勉強湊在一起豈不更痛苦？再說不當夫妻也可以試做朋友，而且還是熟悉的老朋友。也許不是人人都有如此的雅量，但因為別人做得到，因此我們不妨也可以學習和參考。

九　誠實面對自己的抉擇。自省是為了改進再重新出發。對自己有信心，是不會找任何代罪羔羊替自己的錯誤找藉口的。

婚姻是當事人的隱私權，而幸福與否更是主觀的感受，好壞不用太介意外界的異樣眼光。否則父子騎驢永遠只會累壞自己。婚姻像本無字天書，申述太多對自己有利的理由和辯解總是顯得矯情，而老是數落對方的不是，豈不等於在嘲諷自己的有眼無珠？

不如將回憶擱置，順其自然，並期盼終有水落石出的機會；或者對不愉快的經驗，「健忘」也是美德。

不要老犯了台灣諺語：「吃碗內看碗外」的毛病，也就是幹一行怨一行。更嚴重的是，整天拿別人的婚姻來跟自己的作比較，不是嫌自己丈夫不會賺錢，就是羨慕別人的妻子有多賢慧；不是埋怨公婆偏心又難伺候，就是大舅子小姨子沒出息找麻煩……

我從事婚姻諮商多年以來，最大的感觸之一就是：來找我的案主，往往都缺乏自覺和自省的能力。而且都在還沒有找到問題的主要癥結之前，就開始劈哩叭拉地把所有錯誤的矛頭，全部指向他要批判的對方或另一半。

有時我也會幽默地告訴案主，如果想要提出離婚訴訟的話應該去找律師，若找不到我也可以推薦；而如果是遇到重大糾紛或有涉及生命安危的話，則應該直接拿證據去警局報案。若是以上皆非，而只是想挽回婚姻關係的話，就要用冷靜和理性的態度來探討與分析問題之所在。

既然冰凍三尺非一日之寒，且面對問題未必就能輕易地迎刃而解，但至少可以多了解自己的性格及應負的責任。

有信心的人，最佳的武器就是願意「誠實以對」。

另一個感觸則是，很多人在婚姻中，除了無自省能力外還犯了「自不量力」的通病，幾乎可說是「得了便宜還賣乖」。

案例：

我有個多年舊識的男性朋友，他其實是個很普通又很平凡的上班族，但一生最在意的事，竟是對真愛的尋覓。這本是美事一樁，但他卻有個相當主觀的條件，就是當他卅多歲時，他所結交的女友及結婚的對象，年齡都設定在廿五歲上下，到他四十多歲時則設定在廿八歲左右，到了今年已經坐五望六了，依舊還是把結婚對象設定在卅歲以下的妙齡女郎。

去年在旅行的飛機上，他難得結識了一位四十多歲的寡婦，其長相、經濟等條件都在水平之上。彼此相談甚歡，且每次約會分手後，他總有股依依難捨和相見恨晚的愁思。他很明白這個女人可能就是他這一生真正要尋覓的真愛。但他就是不甘心就此走入婚姻。因為他相信他還可以找到更年輕、沒結過婚又無家累的女性。

十 婚姻是人類生命延續及基因傳承的重大工程，養成教育將影響品質。

婚姻門外的搞不懂，而婚姻門內的則理不清，因此以上種種的論述可能你不一定完全認同或做到。但如何在婚姻中學習、沉澱、思考、探索，和了解自己；並願意為自己和他人的行為，共同分擔責任的態度，都是成年人自我教育和成長的機會。

而基因、環境和價值觀，同樣是影響婚姻品質的元素，因此你也要有相信自己是「世代傳承優良品種」的信心。

在婚前的心理建設上，E世代的適婚年齡者，至少對婚姻的本質，透過前面的歷史演繹及現實的分析後，應已有了更具體的理解。有朝一日當真要走進婚姻時，可能就會採取較慎重與平實的作法。不用把婚姻當毒蛇猛獸一般地排斥，或乾脆放棄，任由它蹉跎錯過。

害怕結婚，更擔心結婚後馬上就有小孩子的問題，似乎已成為社會寫實的另一隱憂。針對嚴重少子化世代的衝擊，為人父母親的長輩們，總是希望能夠早日升格當起阿公阿嬤而得以含飴弄孫，卻又不敢太明顯地給晚輩們太大的壓力；尤其是當公婆與兒媳們共居一屋簷下時，既怕彼此為此敏感議題而傷了和氣，更怕連累了小倆口的婚姻而起風波。

對於剛在職場上打拚的青年夫妻而言，也同樣面對進退兩難的困境。不但須準備因應大環境、金融風暴的隨時席捲，同時又得處處擔心工作不保；因此縱使很想為自己，為家人生個小寶貝，也常會有心有餘而力不足的無奈感。

有一對為事業共同奮鬥打拚而遲遲不敢生育的夫婦，在雙方事業有成，告個段落，想起該是為婚姻增添活力，開始打算扮演為人父母的角色時，卻已時不我予，即使連人工授孕都無法成功而後悔不已。

相對地有對新婚夫妻，因為缺乏了解與包容，在兩不相讓、各持己見的不斷爭執中終於簽下了離婚證書，結果離婚後不久，妻子居然發現自己已經懷孕了，為了報復，於是瞞著前夫及家人生下了嬰兒。終究紙包不住火。夫家是三代單傳，因此在得知媳婦產下的是男嬰時，雙方立刻展開了搶嬰的拉鋸戰，甚至鬧上法庭也在所不惜。

另有一對夫妻則因為好不容易懷孕了，又有虔誠的宗教觀，主張不能殺生，因此堅持一定要把孩子生下來，竟完全不顧醫生的專業勸告，仍把不健康的基因傳給了下一代。因此不但賠上了金錢、時間與心血，最重要的是除了給社會造成不必要的負擔外，其下一代兒女身心所造成的痛苦與傷害更難以磨滅。

為了下一代的優生學，選擇對象的基因品質不得不重視，否則恐怕就會應驗了「龍生龍、鳳生鳳，老鼠生的孩子會打洞」的宿命。

台灣諺語「一枝草一點露」，指的就是每個生命都有上蒼賦予的自然福澤。上一代生我們，我們繁衍下一代，生兒育女到底是天命還是使命？最好就是順其自然吧。

第五篇

十個不該結婚的理由

以下是十個不該據以結婚的理由。無論如何，結婚就算不只單純考量純愛這項因素，但相互之間的愛意與敬意仍是不可欠缺的幸福關鍵。

以下是十個不該據以結婚的理由。無論如何，結婚就算不只單純考量純愛這項因素，但相互之間的愛意與敬意仍是不可欠缺的幸福關鍵。人不一定只跟最愛結婚，選擇對象也可能有綜合性的理由，但是以下十個理由中的任何一點，都不應該列入你的婚姻考量。

1 為了孩子而結婚（代罪羔羊非真愛的藉口）

2 為了金錢而結婚（物化了真愛終究少了尊嚴）

3 為了壓力而結婚（真愛因盲目追求易生質變）

4 為了虛榮而結婚（戴假面具禁不起真愛考驗）

5 為了脅迫而結婚（委屈求全只會玷辱了真愛）

6 為了權力而結婚（權謀下的角力鬥爭難有真愛）

7 為了報復而結婚（憤怒及仇恨腐蝕人性與真愛）

8 為了罪犯而結婚（出賣靈魂給魔鬼將讓真愛哭泣）

9 為了同情而結婚（同理心是憐憫的給予並非真愛）

10 為了移情而結婚（真愛不應建構在愛屋及烏之下）

1 為了孩子而結婚（代罪羔羊並非真愛的藉口）

為什麼不能為了孩子而結婚？

一 每個孩子都是獨立的生命個體，是社會共同資源，而非父母的財產。

二 把孩子當愛情或婚姻條件脅持或談判的籌碼，是自私的行為。

三 不被期盼與祝福而生下的孩子，將是父母動機不良下的代罪羔羊。

四 孩子是無辜者，其人格發展需要愛的教育，而非當成父母親互相傷害的工具。

除了基於對生命的尊重及基本人權的保護外，主要是提醒兩性在面對結婚與否的前提下；生兒育女乃神聖的使命而非兒戲或戰略。如果不能負責任地提供兒女一個正常、健康、安全和快樂的家庭，還不如不生，因為養比生責任更重大。

二〇一二年八月十五日，由「財團法人國際單親兒童文教基金會」籌建，在獲得廣大群眾的善心贊助及政府單位的支持下，名為「麻二甲之家」的未婚媽媽庇護中途之家正式揭幕啟用。

麻二甲之家位於台灣台南市「麻豆」與「學甲」之間，向國有財產局租地「二甲」，故簡稱「麻二甲」。其設施與規模居於亞洲之冠，除了專門幫助及收容十八歲以下中輟、酗酒、吸毒、性侵害……等不幸遭遇而懷孕的待產者外，更致力於推廣安全性教育，且扎根於校園。

社工人員在輔導這些年齡分別只有十四到十七歲不等的懷孕少女時，發現她們幾乎都不知道安全性行為方面的知識（如男性戴保險套或體外射精，而女性吃避孕藥或裝避孕器等），以及必要性，甚至無知地把已懷孕的事實，當作是例行的月經不順。因此有的少女已經懷孕好幾個月了仍不自知，縱使不少家長在發現後想帶女兒去醫院合法墮胎，也因胎兒太大而為時已晚了。

最令人於心不忍的是，由於當事人曾跟不同的男性或陌生網友發生性關係，以致於當輔導單位嘗試協尋與少女發生性行為的未婚爸爸，來共同承擔責任時，她們的回答竟然是：「我已經不記得了」或「找他沒有用，他絕對不會承認的啦」，還有類似「我真的不知道他的真實姓名和地址」等回應。

我曾在不同的年代用同樣的方式，詢問未婚媽媽們兩個問題；一個是，妳會不會擔心自己的女兒將來也重蹈覆轍變成未婚媽媽？答案幾乎都是「會」。第二個問題則是，假如生命可以重來，妳會不會選擇當未婚媽媽？答案也都是肯定的「不會」。

案例一：

多年前我受邀參加一位優秀工程技術人員王杰（化名）的婚禮。他因患有婚前恐慌症，曾接受過心理諮商。

他的母親是未婚媽媽，他出生不到一個月後，就輾轉透過社福機構被出養。在養父母親的悉心照顧和教育下，直到長大成人才知道自己的身世。

在結婚喜宴的舞台上，王杰春風滿面地拿起麥克風，公開地在所有嘉賓們面前，致上他對養父母充滿感恩的誠摯謝意。但下台隨桌敬酒時，他卻緊握住我的手，哽咽又略帶激動地說：「他們當初真的不應該丟棄我的……」我緊抱著他，悄悄地在他耳邊說道：「你不要學他們就好！」

那種真相大白後，對自己存在價值的質疑，以及無人可以取代或撫平的傷痕，縱使已長大成人可以明辨是非，或是成家立業且已為人父母時，依舊會隱隱作痛。

相對地，除了年幼無知或原生家庭疏於管教所造成的未婚生子之情況外，仍有不少女性會有錯誤迷思，以為愛一個男人就應滿足他所有的需求，反而忘記了要先有保護自己跟愛自己的能力，才能相對地有能力去愛別人。

事實上保險套除了避孕外還有性病的防治功能，在女性意識抬頭及兩性平權的先進國家，已成了普通常識並進步到男性均會主動自備，而女性也會大方地要求對方或自己提供保險套。

案例二：

小艾（化名）廿九歲，是個相當出色的國中數學代課女老師，當她交往了六個月的男友德化（化名）第一次提出到汽車旅館發生性關係時，她接受了，在她寬衣解帶的當下，既害羞又靦腆地提起勇氣，向男友暗示希望對方能夠戴上保險套的避孕安全措施。

男友起先並不為意，接著卻以戴保險套做愛，其感受彷如隔靴搔癢，達不到真正地快感為由，希望小艾如果真的愛他，就應該理解他那份迫切想與她靈肉合體、密不可分的心情。

看著小艾仍害羞低頭而神情略帶猶豫時，男友德化開始有了大動作，他不但起來準備穿上衣服，甚至還強調若要求發生性行為的這個要求，足以令小艾為難或勉強的話，乾脆就不要做這檔事算了。

結果小艾為了討好男友並證明自己對他的真愛，就在禁不起男友的心理喊話之下，輕易妥協並放棄了保護自己的安全防線。也因為第一次破了例，以後性交時不用戴保險套，也就變成了理所當然的例行公事。

小艾從此就淪陷在「愛就是要能成全和滿足對方」的迷惑下，除了讓自己暴露在不安全的性病防治警戒範圍外，每次性事後又會忐忑不安地擔心：萬一懷孕了怎麼辦？

但下次再和男友相聚時，小艾卻又阿Q地讓男友拍胸脯保證願意負責，及甜言蜜語的攻勢下把所有抗議的怒氣全給融化了，就在這種既享受卻又心存僥倖的矛盾下，任由對方不斷地盡情索求。

但夜路走多了終會遇到鬼，就在小艾與男友在汽車旅館發生親密的性行為後，不到三個月的時間，小艾終於發現她懷孕了！雖然有些震驚和恐慌，但因為男友曾不止一次地向她保證，只要有了孩子就會馬上跟她結婚。所以小艾她很開心且迫不及待地，馬上就把這個訊息告訴男友。

結果完全出乎她意料之外，當德化從電話中得知她懷孕的那一刻起，就不斷地找理由閃人，後來不但不接電話，甚至有一天連人也莫名其妙地消失不見了。

去墮胎？還是當未婚媽媽？小艾選擇了前者，表面看似輕易解決了遇人不淑的問題，但總是難以揮去內心深處的陰影，因為不再信任男性以及不停自責，使得小艾沉湎在自食惡果的壓力下，不但罹患了憂鬱症，且數次想用自殺了卻此生。

雖然事過境遷，但她用沉默與封閉，蹉跎了許多歲月，當她告訴我這段悲傷的故事時，她已經四十多歲了。

像小艾這樣熟年的知識分子，在面對愛情的浪漫與理性的掙扎時，也都難免會有所迷思，何況是那些未成年的無知少女們。

雖然性愛是出自雙方的自由意願，也是情慾的自然發展。但有些人就是會在真愛與虛情假意的過程中，不經意或刻意地把它拿來做為掌控人性的工具，談判的籌碼或物化彼此的交易。

案例三：

玲達（化名）卅四歲，大學畢業後就進入某大企業公司，從基層業務人員做起。由於個性開朗、觀察敏銳，又具備團隊精神，加上她一直想出國繼續深造，因為這個動力，所以在工作上表現得特別積極，業績也日益上升，頗受同仁及長官們的賞識與肯定。

就在一次頒發全國績優從業人員的大會上，由於玲達所屬單位獲勝，加上又有國外貴賓需要中英文致詞，於是玲達就代表單位上台，沒想到她流利的英文驚艷了全場。

隔不到半年的時間，玲達突然被調職到總公司並升遷為總經理辦公室特助，讓她開心不已。但有一次，她被指定單獨陪同五十歲的總經理劉大（化名），到國外出差的旅行中，酒後亂性的劉大不但強暴了她，事後還威脅她不得張揚，否則不但她的工作不保，其妻還會來找她麻煩並提告她通姦罪。

儘管玲達百般不情願，但時勢比人強，再加上家醜不外揚的自卑感下，她從此委屈求全地當起小三的角色。

但玲達很清楚，她既不想當小三，更重要的是她根本不愛對方。於是她不但利用職權從公司交際的各種名義中累積自己的個人財富，更計劃性地使自己懷了孕，因為當她得知對方的家中只有三個女兒沒有兒子時，玲達很清楚她將如何利用劉大重男輕女的心理，出手給予重擊。

果然當她知道自己懷的是男嬰時，她瞞著所有人開始展開了報復計畫。首先她以出國深造為由，請辭工作，由於兩人同居也有段時間，所以男方不疑有他，就讓她名正言順地跑到美國待產。

等她在醫院順利生產又回家坐完了月子後，自拍了一張母子照，並附上一封信寄回給台灣的劉大時，劉大的心情只能以五味雜陳來形容。因為中年獲得麟子讓他喜出望外，但除了信封裡附上一紙親子鑑定證明外，玲達卻在信中告知「孩子將隨她姓母姓」，而且他每個月必須匯款到玲達指定的銀行帳戶，負擔照顧她們母子的生活費。匯錢對劉大是舉手之勞的小事，問題是，玲達還不讓他知道他們母子住在哪裡。

2 為了金錢而結婚（物化了真愛終究少了尊嚴）

現實生活中常聽到諸如：「人為財死鳥為食亡」，「有錢能使鬼推磨」，「錢非萬能但沒錢則萬萬不能」，「殺頭生意有人幹，賠錢的生意無人做」，還有最寫實的「貧賤夫妻百事哀」等與金錢、人性相關的刻劃及比喻。

可見不論是快活或賴活，在這個愈來愈重視物質的社會，掙錢本事幾乎成了人人都須具備的生存條件，但金錢畢竟不是一切！

價值觀經常會影響做人處事的起心動念。淡泊人生與繁華世俗都是世態炎涼的表相罷了，就算攫取了大量金錢，也不等於得到幸福。

在考量結婚對象時，不能輕忽彼此價值觀的差異。小心遇到表面看似富商，骨子裡卻是打腫臉充胖子的空心大佬，或是慳吝且一毛不拔的鐵公雞，落得賣身連心也奉送。拜金主義早已汙染各個領域，自然愛情也無法倖免。尤其因貪婪或覬覦財富，非但麻雀未能飛上枝頭，反而到頭來，人財兩空。

案例一：

永銘（化名）是畢業於醫學院的高材生，服務於某醫院，當起時下最夯的美容整型外科醫生。由於他長相出眾，服務熱忱加上醫術超群，因此成為很多女性爭相看診的最佳選擇，同時也為醫院賺進了大把的鈔票。

就在永銘的名聲開始竄紅不久，其個人的心態也慢慢出現了微妙的轉折。雖然個人收入已高出一般醫生甚多，但在工作上卻開始出現了倦怠和不滿。一股不甘總為人作嫁的失落感油然而生，加上不少顧客的慫恿與建議，讓他有了獨立另開診所的決心。

但欲獨資開家稍具規模的醫美診所談何容易？所有先進醫療器具、診所的裝潢佈置、人事管銷以及廣告公關等，整體需投入的龐雜財力，對永銘而言簡直有如天方夜譚般地無法想像。

他的這分企圖心，看在同行且交往快十年的未婚妻學妹蓉蓉（化名）眼中，相當地不捨，卻也認為不必要作繭自縛，因為以他們雙薪的收入，要生兒育女和過中上水平的生活，其實是綽綽有餘，又何必要虛榮地趕時髦及自尋煩惱？

永銘不但聽不進去蓉蓉的建言，心中反而產生不小的反感，認為她不只不了解他，而且還是他個人生涯發展的絆腳石。因此彼此間開始有了矛盾與衝突。

蓉蓉心想，反正光憑永銘個人的能力，要湊足數千萬的資金比登天還難，因此也就懶得再理會他。可是幾個月過去後，有一天她突然接到一張邀請卡，上面印的正是永銘自己個人診所的開幕通知，當下讓蓉蓉驚嚇到落下頦。

原來永銘的老顧客中有位暗戀他已久的離婚女士麗麗（化名），年長他約七八歲左右，這個女士自稱什麼都缺，唯獨不缺錢，於是就在她以金錢為餌，釣永銘上鉤的精心策劃下，譜出了一段姊弟戀。蓉蓉見大勢已去，郎心如鐵，傷心之餘只好收拾行囊，辭別家人，出國再深造，遠離傷心地。

人生如戲，戲如人生。永銘和麗麗結婚六年，一晃眼就過去了，永銘很幸運地在事業和金錢兩得意的情況下，忘形地從態度囂張到紙醉金迷地墮落在夜店裡；最後則吃起窩邊草，和診所的護士亂搞男女關係。

當麗麗從只是耳聞到親自在診所撞見的當下，怒氣攻心一時失去理智，二話不說，立刻從手術枱上抄起一把手術刀，用力往永銘的臉上狠狠割劃下去，當場讓他血流滿面，痛苦地掩面哀嚎。

一則基於家醜不可外揚，二則害怕一旦報警可能會鬧上新聞版面，因此只能忍痛自己止血包紮傷口。因此好一陣子診所拉下鐵門，掛著「整修中」的牌子，事實上診所內正是永銘商請同行好友，前來為其顏面創傷做整形手術。當然在復元的過程中，同時也簽下了離婚協議書。

案例二：

簡舒（化名）是個天生的古典美人胚子，在家排行老大，從小就很懂事，因為父親生意失敗負債累累，母親又中風，加上家裡弟妹眾多，因此面臨困境時，簡舒義無反顧地在大三時休學，加入幫助家計的行列，但杯水車薪終究起不了什麼作用。

眼見雙親信用破產，自己卻只能乾著急，而討債公司卻又三天兩頭就找上門來，破口辱罵和威脅。每當夜闌人靜時，簡舒只好透過臉書，和以前幾個學校的死黨分享她的鬱卒和焦慮。即使心急如焚卻也沒轍，但奇妙的事情卻接連發生了。

有一天她突然接到一通簡訊，內容要她不用害怕，並自稱發訊者是她的貴人而非壞人。她只要相信他，按照指定的時間到指定的銀行去，那裡就會有人交給她一百萬元新台幣，可先替她父親還清部分債務。並強調不要懷疑這是不是詐騙集團，也不要跟任何人談及這件事，最不能理解的是對方還保證，她拿到錢後既不用簽收也不用償還。

對於這個突然由天而降的禮物，聰明的簡舒當然認為不曉得是何人在對她惡作劇，而不會把它當真。只是她很好奇，為什麼會有人對她的處境如此地了解？當然她也迫切地急需要這筆彷如及時雨的百萬現金。

於是她終究按捺不住，按照陌生貴人的指示，而且毫無意外，順利取得全家的保命錢。簡舒和家人至今都不敢相信，這夢幻般的奇遇竟會真實地發生在他們身上。因為有了錢，得以讓簡舒再回到學校念書。

而就在她大學畢業前的一年內，這位陌生的貴人更陸續地替簡舒的父親還清全部債務。對於這位未曾謀面的救命大恩人，簡舒老懷著一顆忐忑不安的心，到底天下沒有白吃的午餐，卻又渴望某天能親自叩謝對方。

終於，簡舒大學畢業後開始工作，約莫半年的光景，有一天她又接到了指示，對方要求她開始補習英文，準備赴美留學的托福考試。

簡舒因為家裡都安頓好了，已無後顧之憂，因此她回覆願意再次接受栽培之恩，但她提出一個條件，就是在她出國前希望能一見廬山真面目。對方的回應只有三個字「美國見」。

終於，簡舒踏上了眾人夢寐以求的美國，從接機、住進舒適的套房，到辦信用卡及完成入學碩士班的註冊，一路上都有不同的人出現來為她服務。她很快就熟悉了大學的環境，同時也上了一學期的課。就在學校開始放暑假的某個晚上，突然有人來敲她的門。她從門上的透視鏡往外看，發現有位西裝畢挺、年約六十多歲的老先生站在門外。

起先她以為對方找錯人了，而不準備回應，但突然第六感的直覺告訴她，此人會不會就是她的陌生貴人？於是她驚喜地開門，與對方相認並緊緊地擁抱著對方。簡舒完全不在乎他們倆相差四十多歲，他簡直是她心目中最感激的神，所以她幾乎是用極大的熱情來迎接對方。

但接下來的故事，就不再是關於大善人的無私給予，或是受惠者的全心回饋了。事實的真相是，這位老先生居然就是簡舒死黨之一的父親，因妻子連生了好幾個女兒，其中的么女就是簡舒的同學，當他意外地從女兒的電腦中發現了簡舒的生活困境時，他決定要伸出援手，但一方面也自私地希望年輕的簡舒能在美國替他生個兒子。

當站在金援與人情債抉擇的十字路口上時，簡舒突然有種窮得只剩下錢的冷颯寒意。

3 為了壓力而結婚（真愛因盲目追求易生質變）

時下有愈來愈多猶豫、徬徨在婚姻邊緣的曠男怨女。尤其女性們甚至被劃分成二十五歲以下者叫辣妹，二十五到三十歲稱之為輕熟女，三十歲以上叫做熟女，而一旦年過四十歲猶單身者，則被刻薄地統稱為「剩女」、「敗犬」。

這種帶有性別及年齡歧視，並物化女人的刻板印象，不但已深烙在兩性的心中，同時傳宗接代的觀念，依然困惑著許多男性，影響他們對婚姻價值的判斷。

案例一

現年卅八歲的依媚（化名），是大企業的小主管。打從她二十八歲那年開始，父母親就擔心她會嫁不出去，而下了相親的緊急命令，因此她幾年來參加相親的次數之多，連自己都記不清了。只是至今她依舊是小姑獨處，孤家寡人一個。並不是她不想結婚，而是她不想為結婚而結婚。

像依媚這種新時代的女性，面對是否走入婚姻的困惑比比皆是。不是故意要逞強，她們也期盼有個男人的壯碩肩膀可以依靠，也不排斥生兒育女的天職，只是要找到適合自己或達到標準的對象，實在太難了。

就像依媚常自我解嘲地說：「好的男人不是早被人選走，就是出國深造去了，剩下來的不是他不要我，就是我也未必看得上他。」

依媚同齡的閨中密友依芳（化名），情況剛好跟她相反。她從來不被安排相親也不會主動去追求男性，但就在一次國外旅遊的邂逅中意外墜入戀愛，且在不到三個月的時間就快速步入禮堂。

驚訝之餘，依媚忍不住好奇地問其原由？依芳說：「我對經營婚姻未必有把握，但至少我可以藉此擺脫爸媽長期的嘮叨，解除左鄰右舍及親朋好友過分關心的壓力。」

案例二

周沖（化名）卅六歲，是個不婚族，但由於他是家中的長子兼長孫，在他的排行下面，還有一個卅三歲的弟弟和卅一歲的妹妹。除了他自己還沒有固定的女朋友外，其弟、妹均已有了可以論及婚嫁的對象。周沖父母親的婚姻觀非常地傳統，不但堅持男須娶女得嫁外，針對家中子女的婚事更主張必須按照次序，不得跳脫或越權。

因此周沖遲遲不婚和抵制的態度，不但成了父母親的眼中釘，甚至也是弟妹口中的絆腳石。為了成全家人的心願，他最後終於妥協並在父母親作主下成了婚，並宣稱婚後不久即將被分派到國外工作，因此由妻子先到國外安排一切。

等到他的弟、妹也都分別陸續結婚、成家後的某一天，他突然就消失了，只留下一封長信給他的父母親。

信中寫著：「千言萬語只有一句話，就是請原諒我的不告而別。一則是怕您們受不了打擊，二則是怕我無法承擔您們將再加諸我的親情壓力。結婚典禮當天的妻子是我租來的，而且我們從未到法院註冊。為了不當阻礙弟妹幸福的罪人，同時也滿足你們要我結婚的心願，我只好導演了這齣戲。雖然至今我仍是單身，但請放心我會過得很開心，因為我不用再偽裝或壓抑地為別人而活……。」

很多未婚或遲婚男女，都會埋怨生活中最受不了的事情之一，就是華人社會裡一個令人不解和不成文的陋習——不論在什麼場合、時間、身分和背景，也不知道是否因為無聊欲找話題，還是好窺探個人隱私所致，只要是三五好友的小聚會，或大型婚宴及派對的群體中，一旦有人發現你是熟齡男女，又單身未婚的話，幾乎所有的話題和關注都會繞著你轉。類似像：「什麼時候才要結婚？」「為什麼還不結婚？」「是不是眼光太高，太會挑了？」「小心噢！不要東挑西撿，否則到頭來什麼都沒得挑！」「太晚結婚，高齡懷孕會很辛苦哦！」即使只是初次見面的人際互動，種種令人尷尬的內容，好像不結婚就是某種程度的「不思進取」。

來自父母的壓力、同儕的影響、對婚姻成家的渴望、害怕孤獨與隔絕，以及不知如何作抉擇……等因素，似乎成了單身們的切身困擾。

結婚是關係自己一輩子幸福的事情，而幸福尤其是當事人主觀的感受。因此真的不需要因為身邊熟悉的人都結婚，或是父母親對你不斷地施壓，就隨之起舞，而把婚姻自主權給扭曲或妥協了，甚至將遲婚或不婚的個人主張，變成是件「無法言說」的事情，且還會感到內疚或不安。

事實上只要你很清楚自己要的是什麼樣的生活，則不妨以兵來將擋、水來土掩的平常心待之即可；否則會像父子騎驢的故事，因為太在意別人的看法，反而進退兩難又不討好。

4 為了虛榮而結婚（戴假面具禁不起真愛考驗）

案例：

我認識一位單親媽媽阿春（化名），她的丈夫酗酒、吸毒、殺人，負債累累，最終被通緝而鋃鐺入獄。

她身世之坎坷，不只是結錯婚嫁錯郎而已，雖然好不容易才逃脫了惡魔般丈夫的凌虐，連夜帶著兩個年幼的女兒四處避難，但終究仍難逃歹運的追殺。當討債的黑道兄弟得知她丈夫須在牢房裡蹲上好幾十年後，不但主動地找上門恐嚇，甚至逼良為娼來抵債。

為了保護和撫養兩個無辜的稚女，在弱勢難抗強權的霸凌，且前無援手後無退路的現實環境下，她只好向命運低頭，把孩子寄養在自己的妹妹家中照顧，從此被迫下海，走上了靠原始本錢生活的命運。辛苦掙來的皮肉財，一面用來還債，一面育女及養活自己。

好不容易盼到兩女長大成人，遺傳了她的基因，不但亭亭玉立而且外貌美麗，連走在路上都有星探前來搭訕。儘管阿春幹的是大家瞧不起的行業，但卻不曾讓女兒吃過苦，她們吃的、穿的、用的，幾乎都是最好的，在還清債務後，就脫離煙花地，與朋友合夥開了家樸實的早餐店。也許是這種偏差的補償心理，反而造成兩個女兒的虛榮心，加上自卑感作祟，不敢也不肯跟同學們提起母親的職業，更編了個「父親死了，母親丟下她們不管」的謊言。

一心想嫁入豪門的大女兒佳麗（化名），終於如願以償地找到了一位富二代的對象，閱人無數的阿春苦口婆心地告訴女兒，除了門不當戶不對外，有錢人都很勢利的，加上紙包不住火，她們家的身世背景早晚也會被戳穿。若無例外，豪門的婆婆，大多是掌權又掌錢；她們心裡在乎的是如何維護兒子和家產，因此或多或少都會很在意媳婦的出身背景，若不能夠錦上添花，達成利益結盟，至少也不希望跟個破落戶或階級差太大的人家結為親家。我們又何必到時自取其辱？大女兒完全聽不進去，還撂下狠話：「妳自己命不好，難道也不准我得到幸福？」

好不容易結婚後，由於婆婆打從心裡就瞧不起佳麗，因此不把她當作家人，反而把她當成傭人來使喚。佳麗想像中的豪門貴婦生活完全走樣，期盼也隨之一一破滅。婚後的第三年，富二代的丈夫在婆婆的安排下到中國駐廠工作，不久就另結新歡並生下一子。公婆不但完全不在乎她的感受，只顧中、台兩地跑，享受含飴弄孫的樂趣，並還一再地暗示，希望她能在離婚與棄婦之間做抉擇。

與佳麗相差一歲的妹妹妙麗（化名）耳濡目染，也盲目地追求虛榮，一心想當名模或進入影劇圈發展。就在夜店認識了一位號稱不但有經紀公司還當過導演身分的男人，並且不久就一起同居。

任憑阿春拿出委託徵信社，查出對方的真正身分是專門吃軟飯的詐騙份子的證據，但小女兒跟大女兒簡直是一個模子，不只不相信且出言不遜地反駁母親：「妳才是詐騙份子，妳不是告訴我們妳在餐廳上班嗎？結果怎麼是做雞（妓）呢？」氣得阿春當下再也忍不住，出手賞了她一個耳光，傷心地決定從此不再理會她們。

但終究母女情深，不出幾年光景，兩個女兒都帶著一顆破碎的心和愧疚的歉意，跪在她面前祈求原諒。

另有一位叫勇明（化名）的專業人士，其本身條件並不差，但也是因為虛榮心作祟，希望能找個令他少奮鬥廿年的結婚對象。皇天不負苦心人，終於讓他認識了一位中小企業主的千金綉綉（化名）。為了達到目的，勇明可以說是煞費苦心，極盡諂媚地討好綉綉及其家人。

因為綉綉是個獨生女，所以即使女方提出「要入贅」的條件，勇明也全盤接受。婚後，岳父因年事已高而退休，除了仍負責財務外，連董事長一職也都交給勇明接棒。

結婚後他認為終於塵埃落定，慶幸從此就可以飛黃騰達了，於是在岳父的鼓勵下，不但擴大營業且貸款增資……豈知才過沒幾年的好風光，他就意外地收到法院查封及債權轉移的通知書。

原來綉綉家族的產業，早就只剩下個負債累累的空殼子，而岳父在面臨破產前刻意隱瞞了脫產的動作。勇明的自投羅網，剛好當起代罪羔羊，接手承擔一切。

虛榮的人為達目的，總是喜歡吹噓、貪小便宜和矯揉造作，這種行為很容易會被內斂或別有心計者看穿與利用，導致聰明反被聰明誤，才會落入偷雞不成蝕把米的窘境。

智者是不會因虛榮心作祟，而忽略了自我的價值，更不會做出自欺欺人的行為。尤其拿婚姻幸福作天秤，一旦失衡，吃虧的還是自己。

5 為了脅迫而結婚（委屈求全只會玷污了真愛）

結婚既然是一生幸福的重大抉擇，那麼一定要出於心甘情願，而非被迫。要有勇氣去努力爭取，要勇敢地去面對挑戰；否則一味懦弱地向惡勢力低頭，縱使犧牲了幸福也變成無意義。何況真愛是不需靠任何一方擔當犧牲者的角色來完成的。

案例一

玉琴（化名）的父親是個無藥可救的賭徒且有家暴紀錄，母親受不了折磨，就在生下老三後，離家出走。玉琴是大女兒，從此就姊代母職，把一弟一妹保護得很好。

每當父親輸錢酗酒回家亂發脾氣時，她也都很勇敢地不閃不避、面對父親，但她跟母親態度不同的地方，是她不會笨到去跟個酒鬼爭執或謾罵。她總是默默地為父親收拾殘局，等他酒意漸退再勸扶他去睡覺。

通常發酒瘋的隔天，父親雖不多言，但對乖巧的長女，總投以歉意和讚許的眼神。

所謂物以類聚，玉琴半工半讀大學畢業的那一年，有一天她回到家，發現客廳坐著一位長者，是曾經當過管訓流氓，由黑漂白，現在連任當起民意代表，財力和人脈均雄厚的「墨伯」（化名），正好像跟其父親商量著什麼重要事情，他一看到玉琴後就趕忙起身告辭，倒是嘴角留下一抹令她狐疑的笑意。

父親簡單地轉述了墨伯的來意，說他兒子武男（化名）看中了玉琴，患了相思病，於是他為了要成全兒子的心願，親自登門來求親。

雖然玉琴的父親懾於墨伯的淫威不太敢明拒，但他也了解女兒的個性，所以也不敢私下作主。正在為難時，玉琴剛好進門而告一段落。

隔沒幾天，玉琴家裡來了一位要跟父親討賭債的中年人。起先態度不但凶神惡煞又加恐嚇，但既拿不出借據而辯才又不如玉琴，只好摸摸鼻子打退堂鼓。而就在他臨出大門口時，回眸說出一句話：「嗯！咱武男有眼光，妳真正是一個好角色！」

這話驚醒但也惹毛了玉琴，於是她鼓起勇氣向墨伯挑戰。她甚至沒跟父親商量就直接打電話給墨伯。在電話中，她用著很客氣但很堅定的態度表示，雖承蒙他老人家看得起她，但到底他是墨伯不是武男，只要不再耍流氓派人到她家去恐嚇或找其父親麻煩，她願意跟武男做朋友，但並不表示非結婚不可。

如今玉琴已經是墨伯夫妻最信任和倚賴的好媳婦，但談起當年往事，墨伯除不忘以「女中豪傑」來稱讚玉琴外，還調侃說玉琴是他闖蕩江湖數十年來所見最有膽識的女子，同時也是他可敬的對手。

古有明訓：「富貴不能淫，貧賤不能移，威武不能屈。」此乃真君子也，但據玉琴的說法，則是她不想重蹈母親覆轍，因為當年她的母親就是在父親的脅迫下才結婚。

她認為她要結婚，是因為對方的人品而非家世，她相信所謂的歹竹可以生好筍，而好竹同樣也可能長出歹筍。但為了愛而必須拐彎抹角，或用仗勢欺人的手段來獲取，則以她的性格，不但抵死不從，且打心底瞧不起對方。

案例二：

不到四十歲的文魁（化名）是個小老闆，但他最得意的不是事業有成，而是他年輕時如何面對情敵要脅，用智慧來化解危機的故事。

話說文魁和美金（化名），都是南部同鄉的人，北上求學時又考上同一所大學同一系，因朝夕相處彼此照顧，自然而然地變成公認的班對。可是偏偏美金在故鄉，有位從小就暗戀她的小混混表哥王太山（化名），對他兩人的關係很不能接受。終於利用農曆過年放寒假的時候，有一天他找了好幾位江湖上的朋友，一起把文魁押到埤圳水庫邊談判。

雙方尚未開口，突然就有一個好事逞強的小流氓，先突襲了文魁，向他的腹部重重地連揮了兩拳，痛得他不得不抱腹蹲地哀嚎，而這時候美金的表哥王太山，居然做出令人難以置信又齷齪的幼稚行為，拉開褲鍊後往文魁的頭上撒了一泡尿。這個無聊的舉動，惹來一旁觀看的兄弟們哄然大笑。

就在這個重要關頭時，突然文魁的手機響了，意外地王太山居然沒有阻止，也許他也想知道到底是誰打來的吧。

文魁一面忍受侮辱和傷痛，一面對著手機回應道：「阿爸噢，我是文魁啦，嘸啦，嘸啦，他們一共來了五個人，但都沒有給我怎麼樣啦。小事情啦，我自己可以解決，你千萬不要驚動蛤仔叔（化名），否則事情就大條難辦了……好啦！無代誌你放心。我等一下就回去了。」

文魁的手機才剛關上，眼前就出現了一個有如電影的可笑畫面：包括王太山在內的五個小混混們，幾乎是同一時間全部跪在文魁的面前，緊張地求饒。尤其王太山更是全身顫抖，提起勇氣問文魁：「你……你……你怎麼認識蛤仔老大的，和他是什麼關係？」

文魁先賣了個關子道：「你們先起來吧，還有要讓我平安回去我才告訴你們！」嚇得王太山等人連忙又是鞠躬又是打揖，點頭如搗蒜地唯唯諾諾，剛才凶神惡煞般的殺氣全部化成卒仔模樣。

文魁開始一本正經地告訴王太山說：「你要出來混的人應該先了解什麼叫做盜亦有道，你是美金的表哥，根本就不該和她結婚。近親結婚是會生出怪胎的，你知道嗎？至於蛤仔叔，因我阿嬤年輕時曾經救過他，所以他和我爸情同結拜。」

不到三天的工夫，為了不讓文魁的父母親知道實情，王太山在外面餐廳擺了一桌酒席，並以喝尿謝罪的方式，來向文魁道歉求和，並請求他一定不要走漏風聲，否則他們兄弟必死無疑……。

世上很多衝突和問題的解決，是要靠智取而非力求。事實上文魁的手機鈴聲響，根本不是他父親打來，而是他自己事先設定的，所以他是自導自演。

至於文魁知道此超級大流氓蛤仔的傳奇故事，則是由同宿舍一位同學的口中聽來的。有一天同學的阿嬤正在河邊洗衣時，適逢落難而走投無路的蛤仔，於是給了他一件衣服，一頓飯和一些錢。後來蛤仔仍被捕入監，但出獄後重返江湖的第一件事情，聽說就是來向阿嬤跪拜謝恩，並送上大禮。

在愛情的追求過程中，你期待的是一分美好的生活，因此若遇到經常會以自殺或恐嚇作為愛情要脅的對象時，一定要特別小心。兩個生命的相會，是為了促進彼此的成長，而非互相折磨，鬧得你死我活才甘罷休。

6 為了權力而結婚（權謀下的角力鬥爭難有真愛）

我們常聽說權力會使人腐化。但真是如此嗎？以下這個故事也許可以給些啟示。

冬欣（化名）大學畢業後，透過男友一德（化名）朋友的介紹，進入了中央級國會吳立委（化名）的辦公室當行政助理。

一開始因為是新人，所以工作量不多，接觸面不廣，也很少有機會參與重要的場合。但隨著時間及經驗的累積，加上吳立委辦公室的副主任要結婚辭職，於是冬欣就升遷變成副主任，正式進入重要幕僚的陣營。

由於冬欣長得甜美，個性開朗加上酒量又很好，因此漸漸地就成了吳立委身邊政治交際應酬的最佳幫手。但也因為這樣子的環境改造，使得冬欣和男友一德之間的感情開始起了變化。因為一德的生活十分規律，而冬欣則經常是日夜顛倒。

以前都要等到一德發薪的日子，才會帶冬欣一起去打打牙祭或看場電影，但現在的冬欣跟著吳立委，早吃遍了大江南北的美食，而出入五星飯店更是家常便飯。因此每次和一德相聚的時候，不是誇耀自己的見識就是蔑視一德的孤陋寡聞。語氣愈來愈傷人，態度也愈來愈不耐煩，甚至不止一次主動提出分手。

終於等到吳立委要推舉其辦公室主任呂咸（化名）出來選地方縣議員時，呂咸和冬欣的地下戀情才被曝光。原來他們兩人在愛情上都犯了腳踏兩條船的劈腿行為。

呂咸在鄉下的女友黃秋（化名）就是吳立委議員最大的選票樁腳黃木財（化名）的女兒，但是呂咸看中的並非忠厚樸實的黃秋，而是黃木財在地方的政治勢力，若能再得到冬欣的機伶幹練及交際手腕，簡直可謂是如虎添翼，要不成功都困難。

對冬欣而言，一德雖是好人，但卻再也不是能跟她匹配的男人。而政治的權力有如嗎啡，未必立刻使人腐化，但吸了就會上癮。她再也無法想像要跟一德如何生活，反而明日之星的呂咸就在身旁，自動送上門的肉豈有不吃的道理。

於是黃木財在得知實情後，當機立斷馬上要求女兒與呂咸這個花心貨結束關係，但為了顧全大局，他還是替呂咸助選，並獲大勝。呂咸當選縣議員的就職那天，來個雙喜臨門，與冬欣結婚並宴請百桌，人氣旺到不行。

可是地方政治的文化氣息到底與大都會的形態不同。錯綜複雜的人情世故，加上地方派系的臥虎藏龍，做不完的選民服務和交際不完的應酬，還有得罪不起的黑白兩道以及議會開議時的各種忙碌，使得呂咸忙得和冬欣獨處的時間，縮小到有時候兩人同在一屋簷下，卻三、五天都沒照面也不稀奇。因為夫妻分工，本來冬欣也覺得這是很正常的事，不太在意。

直到呂咸要爭取再連任的那一年，接近選舉投票日只剩下不到兩個月的光景，突然有一天，家裡來了位不速之客，是一位打扮入時的女性，手中還抱著一個小娃兒，要冬欣為她主持公道，因為呂咸是這個孩子的父親。這個意外簡直把風裡來浪裡去的冬欣，嚇出一身冷汗。

雖然冬欣化悲憤為力量，好不容易暫時勸退了這位女士，但知情後的呂咸，就是抵死不認帳，還誇口可以用驗ＤＮＡ來確認。

所謂好事不出門，壞事傳千里。地方民代呂咸爆發婚外生子風波的新聞，馬上鬧得沸沸揚揚，報紙及地方電台，有如電視八點檔連續劇般地每天追著放送，一下傳出冬欣要離婚，一下子又傳外遇對象拒絕採訪要鬧自殺，不然就是所屬的黨中央對呂咸私德有意見，或民調直直落……等傳說，謠言黑函滿天飛，加上政敵乘機大肆反撲，呂咸連要好好回應的一點點機會都沒有，遑論夫妻要聯手以對。只能用屋漏偏逢連夜雨來形容其處境之苦。

當然不出意料地，呂咸落選了，更慘的是他為了救選情而買票賄賂，已經成案並將判刑。冬欣當然吞不下這口婚外生子的莫名怨氣，也同時向呂咸提出無條件離婚的請求。

等到區公所辦好離婚手續後的那天，外面正下著毛毛細雨，呂咸頭也不回地就逕行離去。冬欣有些不捨地望了望他的背影。她獨自沉重地拎著一個皮箱，恍惚地由木財叔開車送她到高鐵站搭車回台北，車子啟動了，但一切的一切彷彿仍在夢中。當黃木財送走了心境哀戚的冬欣，在開車回家的路上，其實是一邊哼著歌曲，一邊不自覺在嘴角露出笑意。

所謂君子報仇三年不晚，何況薑是老的辣。正是黃木財利用選舉打垮呂咸，來報其女兒黃秋被呂咸背叛之仇。他按計畫重金找了一位外地的風塵女郎，扮成呂咸的外遇，再租了一天的嬰孩，假裝成呂咸外遇所生的孩子，然後再買通當地的平面媒體記者們，更不忘把欲爆料的內容陸續地傳給對手，然後就等著好戲上場。呂咸和冬欣連自己怎麼死的都想不到。

如同台灣諺語所說：「菜棚吃蟲，菜下死。」擁有權力或許可以暫且操控人性或左右情勢，但不要忘了，權力的舞台並非憑空而降，而是周遭的人默默支持下凝聚的力量，方才造就了英雄和偶像。在權力的傲慢下，只會使真愛枯萎，因為那愛得不到平安的滋潤。

7 為了報復而結婚（憤怒及仇恨腐蝕人性與真愛）

真愛難尋，但若是你陷入憤怒或仇恨之中蒙蔽了心靈，或許反而會錯過一段原本可以帶來幸福的美好姻緣。以下也是我經手的兩個真實案例。

案例一：

盧紳（化名）決定和女友顏冰（化名）在美國一起完成碩士MBA的學位後，就在當地結婚，然後進入美國分公司接管父親當地的生意。

顏冰念大學時，父母就在一起意外中雙雙死亡，畢業後她高分考上美國托福並申請到學校的獎學金，從此她就選擇定居在美國。盧紳則是從小就在美國出生的ABT（America born Taiwanese），他倆是在一次同學刻意安排的生日派對上認識，盧紳和顏冰可說是彼此一見鍾情，馬上就迸出了愛情火花。但因盧紳年輕時就花名在外，所以其父盧總裁，便希望將美國分公司的財務管理經理一職，交由聰明又穩重的媳婦顏冰來出任。

顏冰婚前接受身體檢查並證明一切都OK，加上盧紳並非獨生子，家中還有其他兄長，並都生了好幾個兒子。因此對盧家長輩而言，已無傳宗接代之憂，從小在美國長大的盧紳，也不會有重男輕女的觀念；因此在結婚前，為了獲得顏冰的芳心與信任感，盧紳還簽下一紙切結書，說明婚後不論生兒生女，生完一胎就得結紮，而盧紳也確實做到了。

婚前顏冰對盧紳，可說是溫柔體貼百依百順，但自從結了婚之後卻愈來愈冷淡。盧紳原本期待女兒出生後情形會改善，令人遺憾的是，夫妻關係不但沒有因新生命的誕生而改善，顏冰的冷漠反而更變本加厲，不論文攻武嚇對她都無效，夫妻彷如同住一個屋簷下的陌生人，最後演變成分房而睡，成了有名無實的無性夫妻。

雖然盧紳住的是上千坪的豪宅，但妻子卻人如其名般地冷漠，使得他心裡日益產生排斥感，回家有如是令他困在冰窖的夢魘。於是大少爺的他，重新發揮了其富二代的風流本色，幾乎每個週末或空閒時間，都留連忘返在酒色財氣的夜總會，或到酒吧裡喝酒、泡妞，要不就是窩在高級的私人俱樂部，玩起荒唐的性遊戲。

他本以為這樣子的揮霍和墮落，可以引起妻子顏冰的妒意，豈知對方就像是老尼入定般地，既不生氣也不介意，反倒是他父親氣得血壓直飆。

特別的是，顏冰除了潔身自愛外，更有強烈的學習精神，諸如培養繪畫、攝影、古董鑑賞及珠寶鑑定等興趣，幾乎不亞於行家，對公益活動的熱心也從不落人後。對盧紳個人生活起居的關照，她更是交代管家一切要行禮如儀不可怠慢。

而她除了本身工作專業上的表現獲得董事會一致好評外，她的社交手腕及做人處事正直與大方更深得人心。相對的，盧紳總是給人高不可攀的傲慢、自私和任性的印象，相形之下，開始有人為顏冰的婚姻叫屈，甚至連「鮮花插在牛糞上」這類不堪的形容詞也說了出口。

荒唐的生活遲早得付出慘痛代價。盧紳在美國加州拉斯維加斯的某一賭場作樂時，因酒醉態度囂張，引人側目。就在他搖晃著步伐邁出賭場，走向停車場，準備搭朋友的車再到別家賭場繼續玩樂時，突然從黑暗處衝出兩名蒙面搶匪，朝盧紳身上開了一槍，並快速搶走他身上的皮夾、金錶後逃逸。

由於中槍部位靠近心臟，嚴重失血，被送到醫院時已經生命垂危。當院方通知家屬，待顏冰快速趕到醫院時，醫生直搖頭，告訴顏冰，快進去見最後一面吧。

當顏冰看到手術枱上躺著沾滿血跡和臉色死白的盧紳時，驚嚇地倒抽了一口涼氣，緩緩靠近他身邊，握住他的手並輕聲地在耳邊喚著盧紳的名字。

盧紳終於睜開眼睛，他一臉茫然地直望著顏冰，好像從來就沒有好好地看過她似的，最後才困難地說出：「妳為什麼不愛我？」

當下顏冰不禁緊抱著他放聲大哭，當他們彼此的熱淚交滙的剎那間，盧紳的嘴角抿出一絲欣慰的笑，就此闔眼離去。

這是一個真實個案，當事人顏冰在完成報復以後，並沒有任何開心的成就感，反而日益增加的惆悵失落與罪惡感，讓她必須看精神醫生並接受心理諮商輔導。

原來，當年開快車撞死顏冰父母的人，就是當時趁暑假回國的盧紳。盧家仗著家裡有錢有勢，事後馬上就趕緊送他出國，並由律師買通他人來頂罪，然後再走司法後門，最終判得庭外和解賠償了事。就這樣，顏冰一夕之間失去了雙親，成為孤女。

顏冰的出生，是雙親老來得子，如獲至寶，因此特別受到父母的寵愛。而她也既爭氣又孝順。少女時代的她最喜歡和父母親撒嬌，幻想她結婚的那天，跪拜辭別父母時，要如何由母親親手為她蓋上頭紗，再捧著美麗的花束，挽著父親的手步上婚禮的紅地毯……如今一切溫馨的美夢全都因盧紳一時逞快而幻滅、絕望，於是顏冰開展開了她的復仇計畫。

她原本以為她可以保住祕密，用一生的冷漠來折磨盧紳，並讓他聲名狼藉終老一生，或者因生活奢華糜爛而得愛滋或中風時，屆時就是她出手報復的最佳時機。豈知人算不如天算，他被一槍斃命，而她竟然百感交集地發現，自始至終，他都深愛著她。

復仇的心理或許是活下去的動力之一，但成功與否都將浪費太多的生命力。因為人生終究必須活出自己，而非活在別人的陰影下，尤其是用自己的婚姻與幸福作賭注。

案例二：

麥書（化名）因交往多年的女朋友變心而懷恨在心，為了報復，於是他很快地就對一位照顧他度過失戀期間的女生產生移情作用，並且在很短的時間內就結婚了。

婚後他才發現他做錯了，真愛不是物品，無法取代。尤其每當妻子動不動就用：

「後悔了吧？」「我就知道你還在想她！」或是「你只是把我當報復的工具，根本沒有愛過我！」等話來冷嘲熱諷和抗議時，他不止一次想大吼回去嗆道：「對！妳說的都是事實！」

但他沒有也不會如此做，因為他心裡很明白，她才是無辜的受害者。

8 為了罪犯而結婚（出賣靈魂給魔鬼，將讓真愛哭泣）

人性善惡終究一念之間。俗話說：可惡之人必有可愛之處，相對地可憐之人也必有其可恨之處。

我們從電視的新聞中，經常可以看到十惡不赦的通緝犯在被捕時，身邊都有追隨的女人，似乎都是心甘情願地當起亡命鴛鴦而非被脅迫的人質。

但真相又如何呢？假如你愛的對象是個沾上吃、喝、賭、毒品、詐騙、暴力等惡習者，除非真的有機會令浪子（浪女）回頭，徹底改過重生，否則結婚注定將陷入苦海深淵無法自拔。你的生命不是從此浪費在到牢裡探監，就是在近墨者黑的汙染下，你自己也可能變成共犯。

雖然婚姻的價值，確實值得冒險或挑戰，但終究不應拿犯罪對象來當賭注，不論賭大賭小其結果都是輸掉了自己的青春年華。更不要相信在自己真愛的感召下，能夠輕易地改變對方而浪子回頭。

案例一：

敏慧（化名），中學畢業後，因為家境不允許，所以沒有繼續上學。透過家人的安排，從鄉村到大都會找工作，被安置在遠房的親戚家。

親戚的家境看來還不錯，只是交往的人士複雜。對單純又天真的敏慧而言，根本搞不清楚，他們到底是何方神聖？總之親戚長輩交代她，一律稱呼來訪客人「大哥」，當他們到家裡來打牌時，敏慧總得在一旁伺候菸酒、毛巾和點心宵夜之類的服務工作。

漸漸地這分非正式的臨時打工，在她嘴巴甜、動作勤快的經營下，一年以後，親戚長輩便正式支付她月薪，加上又有小費領賞，對剛出社會的敏慧而言，可說是相當好的收入。但是她的心還是跟一般懷春的少女一樣，對未來和愛情擁有自己的夢和理想。對於這分地下賭場的工作，她只是抱著騎驢找馬的心態，一旦存了錢找到更好的職場，就要離開。

可是在她的美夢還來不及展翅時，卻意外地在一個深夜裡，被其中一個賭客給迷姦了。等她驚醒過來後，儘管痛苦、羞愧、悔恨交加，但一切均已遲了。

這個裸背上刺青了一幅龍虎盤踞圖的男人文哥（化名），起身穿衣離去前，回頭跟正悲憤而啜泣不已的她，只說了句：「我喜歡妳，我會負責，以後妳跟我就是了。」

平時在這群進出走動的職業賭徒中，文哥不論在言詞或肢體動作上，均不曾對她輕浮冒犯，他經常神情酷酷地像個旁觀者，倒是有一兩次，當有人欲對她輕舉妄動時，他立刻挺身而出替她擺平。敏慧本來就對他較存好感，但不料他竟然做出如此卑鄙下流的行為。後來從親戚長輩口中得知，文哥就是這個地下賭場的幕後老闆。

不知道是否因為傳統貞操觀的束縛，還是她內心情感的扭曲，事後她不但沒報警、不提告，甚至連逃離的行動都沒有。彷彿得了「斯德哥爾摩症候群」（stochastic syndrome），竟然由被害者的身分而愛上了加害者。從此漸漸地，她也開始染上賭博和毒品，幾乎自甘墮落，毀掉了大好的人生。

案例二：

另一個案的案主永河（化名），來自單親家庭，本來安分地在一家科技公司當程式設計師，過著循規蹈矩的上班族生活，也結交了一位女友，卻在母親的反對下，棒打鴛鴦，黯然分手。受到愛情的挫折後，軟弱的永河變得很壓抑，開始拒絕所有的人際關係，除了工作之外便懶得出門與人互動。他開始當起宅男，整日沉溺在網路世界裡，尤其是虛擬的愛情世界，因此成了色情詐騙集團的下手對象。

他深深迷戀上一位網路女友，又對愛情重燃希望。當網路女友告訴他，她是真心愛他，也樂意跟他結婚，只是前提是要先替她父親還清巨額賭債。

永河不但信以為真，並刻意隱瞞母親，避免她再搞破壞。結果不到一年的時間，他不但花光了自己好幾百萬元的儲蓄，還開始向母親的私房積蓄下手偷竊，最後見不能再得逞時，竟不擇手段地出賣了商業祕密來換取幸福。

等到東窗事發，面對法律制裁時，他竟然還執迷不悟地說：「她一定會等我關出來再和我結婚的。」

雖說浪子（女）回頭金不換，但又何必非拿自己一生的幸福當賭注？寧可讓靈魂流浪、孤獨，也不該任由它犯罪。

9 為了同情而結婚（同理心是憐憫的給予而非真愛）

愛的本質，根據心理學理論簡化成三個成分：包括情感、動機和認知。對於年輕人而言，愛幾乎是支配其生活大部分的重心。尤其戀愛中的男女，只相信他們所愛的人，即使被騙了也會找理由和藉口，來為他們的行為辯護或解套。

但是，在愛與喜歡之間，有時是不易明顯區分和界定的，這也是在判斷結婚對象時，容易產生迷思的盲點。

同情心一詞的本意，是指能主觀地體驗到別人內心的情感。別人痛苦，自己也感到痛苦，別人快樂，自己也感到快樂。惟實際生活中，則用於表達痛苦方面較多，因此當我們看到路邊可憐的乞丐或無助流浪漢時，同情和憐憫之心便油然而生。在同情心的感染下，我們可能會發揮人溺己溺的精神，適度伸出援手或給予溫暖的力量。但同情並不等於愛。有不少人就是會利用別人的同情心，來行詐或欺騙。相對地，也有人會誤把同情心的付出，當作是自己責無旁貸的義務。

曾經轟動社會檔案的殺人事件中，不乏就有利用同情心，而驅使無辜者來作為其逞兇的工具或武器，而且不分性別的案例。

案例一：

方明（化名），因詐欺、背信及殺人未遂等前科而被捕入獄。但他聽訊時卻是一副不知悔改的樣子。實在很難想像，為何所有應訊的證人供詞，都對他都相當有利。

歸根究柢，他就是靠來自孤兒院的成長背景，來博取大家對他的同情。尤其女性們常會不自覺地發揮母愛，來照顧和包容他。

秀珍（化名）是方明的同事，因為同情他的身世，所以偶爾都會為他準備便當。每次方明都會用著諂媚的口吻跟她說：「吃妳親自做的便當，讓我人生第一次嘗到有家人關心的感覺」，或是：「想不到像妳人格這麼高貴的人，居然還願意跟一窮二白的我做朋友」等話術，令人感傷而不禁寄予深切的同情心。

就這樣地，由剛開始單純同情的關心與照顧，經過日久生情的發酵，秀珍竟一步步不自覺地地陷入了方明的愛情陷阱。加上方明懂得抓住女人內心感性的弱點，因此秀珍對方明的依賴和耍賴，也已經無法回頭，只能像不忍心對幼兒斷奶的母親，任由方明予取予求。但也因為如此的鄉愿，讓她的人生付出了不少悲慘的代價。

案例二：

有一位精通外語，一生以沒當上外交官為憾的長輩，語重心長卻又無奈地告訴我，他這一生幾乎都是為別人而活。年輕時，為了孝順父母而放棄了婚姻的選擇權，只因父母異口同聲說了：「就算你同情我們好了！」因而娶了父母中意的對象，放棄了自己的所愛。

等到婚後，他在職場上有機會外放出國深造，卻也因為妻子的一句話：「難道你就不能設身處地替我想一想嗎？就算是同情我和孩子對你迫切的需要吧！」扼腕放棄。

到了晚年，照顧中風癱瘓十多年的老伴去世後，萬念俱灰的他在好友相勸及鼓吹下，想賣掉部分祖產，好好地跟著大家去周遊列國。卻沒想到子女們知情後，不但不鼓勵支持，反而紛紛動用各種管道加以阻止，甚至媳婦還教唆孫子裝無辜，跟他喊話：「阿公，您如果都把錢花光了，那我要怎麼辦？難道您不可憐我嗎？」

讀者也許想知道故事發展的結果。當下我班門弄斧地用了一句英文：「Don't get killed by kindness.」（不要因慈悲而死）來點破他，他才恍然大悟，終於明白，他這一生中的遺憾，大都是來自他自己性格上的軟弱所造成的，何況兒孫自有兒孫福，何必為兒孫做馬牛？於是他開心地坐遊輪去了。

不論是基於任何理由，包括愛情在內，即使是出於善意的同情、憐憫和施捨在內，也很少能結出善果。因為你正在做讓對方有愛的錯覺，但事實上長此以往，你的內心可能是瞧不起對方的。

10 為了移情而結婚（真愛不應建構在愛屋及烏下）

移情（transference），是指個體將原來對某人某物的情感，轉移到對另一人或另一物的心理歷程。最常見的就是寡婦把對丈夫的愛情，轉移到子女身上的親情。此現象本是人之常情，但若寡母或單親們，在角色扮演上過分依賴這份移情作用，則易產生失控或負面的情緒反應，導致親情或婆媳關係因此生變。

案例：

崇良（化名）十三歲那年，父親因病而歿。當母親在病榻旁，雙手緊握住父親枯瘦的手，啜泣地問他還有什麼遺言要交代時，父親勉強撐開眼睛並伸出虛弱的手，摸著崇良的頭，然後仰望母親說：「請好好教育他長大、成人成家。」

接著揮手叫崇良靠近他，父親在其耳邊作最後的叮嚀：「凡事一定要聽媽的話，一定要孝順，我對不起你們，先走了。」

從此母子相依為命，而父親臨終的遺言，彷彿成了唐三藏對孫悟空的金箍咒，崇良不但對母親言聽計從且十分孝順。當然母親對崇良的生活，更是照顧得無微不至，母子倆維持這種母慈子孝的美好時光，一直到另一位女性的出現才改觀。

當崇良瞞著母親與加里（化名）私下談戀愛，其目的只是興奮地、為了要當成重要的禮物來獻給母親，表示自己不但已長大成人，而且還找到理想的另一半，可以一起來孝順母親。

但怎麼也料想不到這份驚奇實在太震撼了，導致崇良的母親幾乎愴然到無所適從的地步。她突然感覺到兒子和她在一夕之間，關係全部崩盤了。尤其看到兒子在餐敘中，細心關照女友加里的親密態度，讓她更是心碎，甚至痛苦到食不知味、坐立難安的地步。

對母親而言，丈夫死了，兒子就是她的全部，她可以為他犧牲生命也在所不惜；

但兒子不經她同意就找了伴侶，她的感受有如被忘恩負義地背叛了。於是她抑鬱寡歡而病倒了。

儘管崇良和女友都在堂前小心侍奉，但終不敵移情後遺症的影響，母親心中的裂痕從此烙印。即使崇良最後仍爭取到母親的允諾，讓他和加里結婚，並以為從此太平，反而母子、婆媳等問題才正要開始。

在專業諮商輔導的工作領域中，有時也常會遇到求助的案主，將他潛意識中壓抑的情感問題，轉移方向，將分析師當成了他的情感對象。

如果案主把心中對別人隱藏的愛意，轉移到分析師身上，稱之為正向移情作用。但相反地，把對別人的恨意轉移到分析師身上，則謂負向移情作用。總而言之，移情的愛或恨，都是代替性的，是幼稚而不真實的。

同樣的，婚姻對象不該是另一人的投射。何況若等結婚以後才發現，原來自己只不過是別人的替代對象，或鏡子內的投影時，對婚姻生活的滿足感，也一定會大打折扣。

第六篇
當左腦男人遇見右腦女人

男女之間的差異，來自於兩性已習慣由男性主外，從事社會競爭與鬥爭的工作，因此即使進步到兩性平權的時代，女性仍認為與其在外面從事工作，不如生育子女來得嚮往。

每個父母親自己走過婚姻白老鼠的階段後，對婚姻的經營與幸福，都有一套獨門看法。基於愛屋及烏的心理，總希望子女能從前車之鑑中，獲得更多幸福的祕笈和忠告。因此只要吾家有男或有女初長成，父母親的神經就開始緊繃，迫不及待要展開諄諄教誨。

父親警告兒子，女人都是難纏的動物，動情之前一定要謹慎小心。兒子不解地跟父親說：「還有比媽更難纏的嗎？」

同樣地，母親也叮嚀女兒對男人要小心，因為他們都是居心叵測的壞東西，女兒看了母親一眼說：「您不是說爸爸是最壞的嗎？」

理性與感性，男女大不同

醫界早已發現，人類左大腦和右大腦之間，有胼胝體的連接，而男性的胼胝體比女性的還薄了近百分之十，其連接點也比女性少了三成以上。女性大腦的胼胝體有較大且深遠的神經網路，表示可從左右腦傳播過去更多的訊息，因此在左、右兩個大腦半球聯絡活動方面，女性比男性高出30％。

更因為說話及語言能力，占了女性大腦的大部分區域，因此女人可在一天中不費力地說出六到八千字，而男人一天只能說兩千到四千字。這也是為什麼婚姻中的嘮叨已成為女性的專利。

男性只能專注使用一邊的腦，所以比較理性。而女性因為兩邊都能用，屬於多功能性，因此有特別感性之說。加上男性的大腦被分隔成幾個分別的獨立區塊，依其主要功能而進行獨立的運作。因此大多數的男人一次只能做一件事。而女人則可以同時做不同的事。

我的老師 Dr. John Smith 曾舉他妻子的例子：有一天他的妻子 Susan 問他是否願意陪她去逛街？他說沒問題，只是順便問妻子有沒有特別要買的東西？妻子面帶害羞地說她想買幾件性感內衣。

他們到了百貨公司的內衣專櫃，妻子東挑西揀了半天，走過好幾個專櫃，而且每拿起一件就會問他的意見；他幾乎每件都同意，但最後妻子連一件內衣也沒買，反而被隔壁剛出爐的麵包給吸引了。本來那天逛街的目的是要買內衣，結果內衣沒買成，反而到麵包店喝了杯咖啡，然後又去看了場電影，回家途中，經過跳蚤市場，於是買了個用不著的花瓶回來。

他的妻子 Susan 認為這是既感性又浪漫的一天，但對 John 而言，簡直是莫名其妙、無法理解的邏輯。因為對男人而言，假設去百貨公司的目的是為了買內衣，那麼內衣就是標的物，因此他會直接走到賣內衣的專櫃，買完結帳後就返家。

難怪有人會開玩笑說，女人在公用廁所裡無話不談，男人在公用廁所裡則是絕不談話。因此要了解結婚幸福與否，就不能不對男女間的差異性，做更多了解與分析。

女性更投入愛情

哲學家曾說，女性比男性更容易專心致志於愛情。美國人格心理學家莫瑞（Henry Murray）也指出：男性對「權力」的需求比較大，而女性對「聯繫」的需求比較大。

因此，當男人在外界沒有任何值得他去克服的障礙時，馬上就會感到厭倦；而女人一旦終止了愛別人或被愛，就會感到厭倦。在戀愛、工作或義務之間，必須有所選擇的時候，女人會感到痛苦甚至會有所抗拒。

在歐洲劇作家薩繆爾・貝克特（Samuel Beckett）的劇本裡，就曾描述一位大飛行家，在經過一番波折之後，終於能跟自己所愛的女性結婚。這個女人具備美麗與才智，是位非常傑出的女性，因此她想利用新婚蜜月的假期，好好地來魅惑自己的丈夫。

他們兩人到了山上的旅館，感到非常幸福。但就在那裡，當她的丈夫得知跟他競爭的另外一位對手，已經打破了他感到自豪的飛行紀錄時，內心馬上湧現要勝過對方的慾望。

雖然他看似專心聽著太太向他傾訴甜言蜜語，另一方面，心裡卻在想著發動飛機的引擎。最後妻子發覺了丈夫的心思，就非常悲哀地說：「站在我的立場以及做為妻子的角色，你知道這幾天對我有多重要嗎？」

他終究還是不了解，而他的困惑對兩性而言似乎也是必然的。

日本心理學家宮城音彌[2]也認為，男女之間的差異，來自於兩性已習慣由男性主外，從事社會競爭與鬥爭的工作，因此即使進步到兩性平權的時代，女性仍認為與其在外面從事工作，不如生育子女來得嚮往。他同時認為如果這是事實，也可以間接證明戀愛是從生物學上延續種族的本能性慾所產生的。

而莫瑞更指出，正在戀愛的女性會感到，自己的身心隨時都掛念著心愛的男人，而男人對於女性這種全心全意的愛情，有時候會產生一種「自卑感」。也就是說，男性雖然也有愛情，英雄也會嘗到家庭的快樂，不過，男性不會像女性那樣只專注於愛情。光以女性從不將愛情和性混為一談，男人卻從來搞不清楚愛情與性的差別，就可見一斑。

如果兩性對這個男女大不同的基本原則，沒能先了解清楚和接受，不論結婚前和結婚後，都會讓彼此的負面情緒超載。

2 編按：宮城音彌（みやぎ - おとや，1908—2005），日本昭和平成時代的著名心理學家，著有多本心理分析著作。

你的婚姻幸福嗎？測驗告訴你

無可否認地，愛情才是核心。夫妻生活之間雖然存在各式各樣的不滿，若將這些不滿說成是導致失去愛情的「原因」，不如說是「結果」，還更合理些。

以下（P158－P164）是一份以「結婚是否幸福」為題，所作的一項測驗，但這種幸福尺度，未必是用來測量真正的共同生活，因為有些女性是因為丈夫有錢而感幸福，有些女性則是因為有婆婆而感到不幸。就像有些男性因為妻子生了兒子（女兒）而感幸福，有些男性則因為妻子性冷感而感到不幸。並沒有所謂的標準答案，只是幫助自己客觀檢視婚姻的幸福指數。

但是問題到底出在哪裡，或許還可以再進一步求教諮商師。

結婚幸福程度測驗的問題，包括下列各項，括弧內是分數，依總分計算出幸福的分數。

1 你對自己結婚一事會感到後悔嗎？

經常後悔（0）

有時後悔（4）

偶爾後悔（7）

未曾後悔（10）

2 如果有下輩子；

要和現在的對象結婚（10）

要和別人結婚（0）

不要結婚（0）

3 你曾經認真地考慮過離婚嗎？

是（0）

沒有（8）

4 綜合各方面，你認為你的婚姻生活幸福嗎？

非常幸福（15）

算是幸福（10）

普通（7）

算是不幸（3）

非常不幸（0）

5 你從什麼時候開始覺得結婚是不幸呢？

無解答（11）有解答（0）

6 在你的家庭中，下列各項中那一項使對方有所不滿？（請勾選）

□收入不足

□財務管理太差

□因為結婚而喪失了自由

□年紀太大

□年紀太輕

□關於配偶父母親對自己的態度

□教育、知性興趣、信仰、交友、趣味、飲食的嗜好、習慣等，互不一致。

□對方太好議論

□感情並不豐富

□心胸很狹窄

□並不信賴自己

- □對方的不滿太多
- □個性懶惰
- □脾氣暴躁
- □對方善批判自己
- □不喜愛兒女
- □不注重信用
- □太自大
- □容易受人左右
- □嬌生慣養
- □喜歡講話
- □吸菸
- □喝酒

□謾罵
□對其他男女有意思
□太神經質
□不管兒女
□對於自己的工作沒有興趣
□太奢侈
□太慳吝
□容易傷感情
□社交興趣太濃厚
□有不好的怪僻
□太依賴命運
□妨礙自己管教子女

□強迫自己矯正性格或習性
□對於衣飾品與趣太濃厚
□不誠實
□任意散佈謠言
□常常責備自己
□妨礙自己的興趣
□不管家庭
□不保持家庭的清潔
□不修邊幅
□身體不健康
□妨礙工作
□對方的家庭干涉太多

□經常把自己的私生活跟他的家人商量

□對方的嫉妒心很重

□妻子不會燒菜或準備三餐太慢

□不會料理家事

□丈夫不幫忙做家事

以上各項全部不勾選的得（30），選了1—9題（18），10—19題（10），20—29題（6），選30題以上（0）。以上的測驗分數愈高，則表示婚姻愈幸福和諧，反之則愈不幸福。18分即是中間值。

關於夫妻幸福尺度的測驗，還有下列兩個問題，是問與對方一致或不一致性的程度，以及協調的情況。

一關於處理家具、管教子女、料理三餐、休閒、宗教問題、交際、例行事務、感情表現、趣味、人生觀、對方對自己父母家屬的態度、性生活，及其他項目的看法。

經常一致（8）

大致一致（6）

有時不一致（4）

經常不一致（1）

幾乎不一致（0）

如果是一致的，請在下列各項作出記號。

由自己讓步（2）

由對方讓步（2）

雙方協調（5）

不知不覺中協調（2）

始終不協調（0）

二 關於電影、散步、出訪。

時常有（7）

絕無僅有（3）

完全沒有（0）

以上的測驗分數愈高，則表示婚姻中夫妻價值觀的認同與生活協調性愈和諧。

當行動的方法一致，或想採取一致的行動，表示結婚生活是幸福的，同時相互之間是有愛情的，因為當彼此願意或希望採取一致的行動，想互相增加交流，這就是共同生活的條件。

第七篇

如何作有效益的婚姻溝通

在婚姻諮商的過程中，常會遇到夫妻沉溺在數落對方的情緒中，其中又以彼此溝通不良的後遺症居多。而溝通之所以會不良，通常是因為彼此或其一方的個性，太自我或太主觀所致。

新婚生活中牽涉的問題與層面之廣，只能用「族繁不及備載」來形容。就算夫妻已經歷過性生活的親密結合，和一些共同歲月的相處，仍然很難達到生活上的協調一致，何況需面對陌生、棘手，或毫無感情基礎的婆媳關係、新生兒撫育、財務匱乏、職涯挑戰、環境異動等大小問題的磨合與挑戰。

因此如何藉有效益的溝通技巧，達到了解彼此的目的，進而滿足自己與另一半對婚姻的期待，最重要的是自己可以在婚姻生活中繼續成長，讓生命更圓滿。

所有的職場也都十分講求人際關係。因為企業或組織的茁壯、成長，都必須靠拓展人際關係及團隊間分工合作，才能完成使命而邁向成功。

既然人活著不能離群索居，身處這個世界，就必須與人保持互動到老。那麼做好人際關係就成為人生必修的課題。做好人際關係的基本信念如下：

■ 如何讓不認識的人開始認識你

■ 如何讓認識你的人開始喜歡你

溝通的意義在於：「提供一個管道或平台，讓不同的訊息可以傳遞給彼此。」若透過溝通，彼此的意見或看法能夠獲得認同，進而達到合作或配合的目的，當然最好，否則至少也能經此而多多了解彼此的想法，以及觀點上的差異。

在婚姻諮商的過程中，常會遇到夫妻沉溺在數落對方的情緒中，其中又以彼此溝通不良的後遺症居多。而溝通不良的因素，通常是因為彼此或其中一方的個性太自我或太主觀。很多夫妻都是假借溝通之名，實際進行讓對方妥協的目的，或按照自己的意志而行事。

妻子跟丈夫說：「我認為我們有需要溝通。」丈夫漫不經心地回道：「好呀！要溝通什麼？」妻子認真地說：「就是要溝通才知道要溝通什麼呀！」

丈夫沒好氣地說：「好吧！那就等妳知道要溝通什麼，再來溝通吧。」

妻子再也按捺不住，憤怒地吼道：「我早就料到，我們永遠都無法好好的溝通！」

分解人格四型

我曾上過美國女心理學家沙蒂兒（Virginia Satir）[3]的課，她將人格分成四種典型，包括：

3 編按：沙蒂兒（Virginia Satir, 1916 – 1988），美國知名心理治療師，主要理論為家庭治療和家庭重建，出版多本相關著作，被譽為「家庭治療之母」。

1 責備型（blaming）

通常這種性格的人，是屬於較強勢的掌控型，因此思維較負面，不但無法聽信別人的說詞，且擅於吹毛求疵或刻意找碴。

2 懷柔型（placating）

又稱討好型，這種性格的人只知一味地取悅對方，完全沒有自我，更遑論有堅持的意見或觀點。懼怕和逃避衝突也是其特質之一。

3 心不在焉型（distracting）

這種性格的潛意識裡，有不太願意負責或付出的特性，除非是利己，否則只要事不關己，他通常會採取心不在焉或改變話題的態度；不是答非所問，就是不正面或立刻回應。

4 理智化型（computing）

這種人的性格像電腦般冷靜，善於抽象及理性分析，凡事講求邏輯更是他的特質。因為說話口氣平板單調、公式化，所以給人冷漠無情的感覺。

我們不妨用以上的論點，來強化婚姻家庭中四種典型的角色扮演。

假設父親是責備型的性格，而母親是懷柔型，妹妹屬於心不在焉型，哥哥則是理智化型。他們在預設的主題：「考上大學的哥哥應不應該買車？」進行溝通。

當全家人想要討論是否應該買車這件事時，通常具有責備型性格的人，會先把握主控權欲望，而率先發言或發飆。

父親劈頭就說：「為什麼考上大學就要買車？又不是什麼國立一流的大學，有什麼值得炫耀的。」父親說完話後，會很自然地把眼神由兒子身上轉移到妻子。

懷柔型的母親則會懦弱地看著兒子，希望他能心照不宣地理解她的立場，其實她是愛他的。只是她說話的內容一味地討好丈夫：「是呀，爸爸說得沒錯，完全是為了你好。」（不過兒子要買車也不是壞事啦）。即使她心裡這麼想，也未必敢說出來。

安靜在一旁低頭拿著手機玩弄的妹妹，屬於心不在焉型，這時她突然站了起來，說了句：「噢！我們巷口那家的蔥油餅又漲價了。」就逕自走回她的房間。

輪到理智化型的的哥哥開口了，他冷靜地唱起獨角戲，針對買車的必要性、使用其他交通工具的優勢等做分析，而且一副意志堅決，誰也影響不了他的模樣。

以上的示範可以說是溝通不良的情形，很可能會經常發生在家庭的大小議題或問題上。在角色扮演上，例如父親缺乏同理心，一開始就把溝通的焦點放在對方的錯誤上，那麼兒子容易產生反感，並立刻會產生防禦性來抵制溝通。

類似母親這種採殉道式、規避衝突為目的的方式，是無法建構真正滿足雙方的溝通。因為對方無法知道其真正的想法，在夫妻的溝通上，如果有一方一直採懷柔政策，一味討好安撫，結果可能使得雙方都喪失自尊。

至於上例中妹妹的態度，將會使得發言者偏離主題。溝通的主旨不但沒能顯現出來，反而會受到忽視，降低了發言者的自尊。

相對的，哥哥說話的口氣、毫不考慮父母親感受的態度，不但使得對方感到挫折與憤怒，同時也無法進入更深層的溝通。

溝通的幾個小要點

事實上與婚姻對象進行溝通時，沒有任何單一公式可循，但依我個人淺見，不妨也請大家列入參考：

一　溝通的前提是建立在問題、歧見，或爭論上。

二　溝通的價值是希望能藉此而了解彼此。

三　溝通的目的則是希望能共同做出決策，並滿足雙方需求。

因此順便提供以下幾點有助於溝通的小要點：

1　選擇或維持一個安全的環境與氣氛：

為什麼我們常見許多夫妻（不論結婚時間長久），本來只是聊家常，但話才說到一半就爭吵了起來，而且愈吵愈激烈，最後竟大動干戈，彼此互毆，甚至殃及無辜的孩子和其他無關係者。家暴行為一旦有了第一次，就容易變成慣性，不但於事無補且易傷感情，這種裂縫甚至難以修補。

因此要溝通前，不妨先徵求對方的同意，並可以事先營造一個安全、舒適、無壓迫感的氛圍。溝通既是平等對談的方式，而且是為了要瞭解彼此、建立更好更穩定的婚姻關係；因此可先約法三章，諸如「君子動口不動手」、「不能口出惡言」、「不可嫁禍或牽涉他人」等，並可擊掌為約以示尊重，同時也製造了生活情趣。

但在幾個因為生理狀況，較容易引起情緒敏感或反彈的情境中，盡量不要進行或要求比較嚴肅或負面議題的溝通，像生病了、想睡覺、肚子餓、女性月事期間，以及預知對方情緒正處於低落或憤怒等。

如果硬要選擇這種不對的時機，只能用不識相的「白目」來形容。事有輕重緩急，人有情緒起伏，不要欲速則不達。

2 學習發揮同理心及做個最佳的聽眾：

我們在跟別人講話時，通常都喜歡用「你」這個字來開頭。

像「你為什老是死性不改？」「你要我說幾次才聽得懂？」「你怎麼會這麼笨？連這麼簡單的問題都會答錯！」

語言上的遣詞用字，通常是因為習慣性的養成，比較不會去發現或關心到別人的真正感受。但根據西方心理學的研究指出，在溝通的過程中，如果用「我」作為開頭的話，比用「你」時，對方的防禦性會比較低而反彈力量也較小。

例如：「我怎麼說，你就是死性不改？」「我要說幾次你才聽得懂？」「我不知道你怎麼這麼笨，連這麼簡單的問題都會答錯！」

看起來似乎都一樣，但聽者的感受還是有差別。因為他的第一個反應會認為，你是在說出「你個人的看法與觀點」，至於「我認不認同」又是另外一件事，所以對方承受的傷害與負面感受比較不強烈。

同理心的重要性在於「能感受到對方的感受」，因此不妨先肯定和讚許對方，營造溝通氣氛後，再瞭解問題發生的原由。

在進行溝通的過程中，當對方在發言時，不論喜歡與否，都要避免採取防衛的態勢，或迫使對方中止發言；否則，將無法了解其中隱含的意義，及溝通的真正動機。

一位溝通能手最常使用的方法，就是在傾聽對方完整的陳述後，去蕪存菁地把所有內容的形容詞、介詞全都刪掉，只抓住對方所要傳遞的重要訊息；

然後會用很誠懇的態度回應，如果答案能與對方的看法一致最好，否則他就會用委婉的口氣說：「哦！我完全可以理解你的想法，但是……」

這完全符合西方人在溝通時，為避免直接給予對方打擊或難堪，鼓勵大家多多使用：「yes, but」的方法。也許有人會覺得這樣是否太矯情了，但別忘了：「事緩則圓」。

3 面對問題不規避矛盾衝突：

如果在婚姻中一味地規避彼此的差異，只會讓矛盾和衝突逐漸擴大，在問題擴大到足以威脅彼此的關係前，就必須認真面對並進行討論；良好的夫妻關係，是不應存有任何的禁忌問題。

從小我們就被教育成害怕面對衝突，事實上，爭論和衝突對夫妻關係仍具有建設性。既然婚姻中的溝通是為了要能做出決策，那麼透過衝突而能解決問題，也不失為婚姻的經營之道。

在慶祝金婚的筵席中，有人問女主人：「在過去五十年的婚姻生活中，妳可曾興起分居或離婚的念頭？」

她的回答是：「離婚與分居的念頭倒沒有，不過謀殺的念頭卻從未間斷過。」

我的一件個案懷疑丈夫有外遇，正猶豫到底要親自抓姦還是找徵信社處理時，她先來找我徵詢。經過了解，我奉勸她莫輕舉妄動，不妨先與丈夫進行面對面溝通。但她沒信心，害怕最後溝通的結果，不是她想要的答案，萬一反而擴大衝突，又該怎麼辦呢？我問她，難道抓姦、找徵信社就能改變真正的問題嗎？她也感到很矛盾。

但在我的鼓勵下，她成功完成了與丈夫的良性溝通。也許離真正挽回婚姻還有一段距離，但要維持已遭破壞的良好關係，本來就必須花更多的努力。

她的做法是，首先提供一個彼此沒有壓迫感的安全環境，再進行對談，並徵求丈夫同意。她自己也保證願以理性取代情緒化的態度；並且，尊重並傾聽對方談話內容的真正含意，在雙方同意的限制時間內（每人3分到5分鐘），不得中間插嘴或打斷對方的內容。而對話開頭都以「我」為始，結語則必須附上感謝之情。

例如她一開始就說：「我注意到你最近的行為……」「我不知道是否意味著你有了外遇？……」「我受到……傷害」「我記得（在過去）……」「我要……（特定要求）」「我期待……」「我領悟到……」「我感謝你願意跟我溝通……」。

丈夫本以為妻子絕對無法忍受，更不可能放下身段做理性的溝通，因此最壞的打算就是攤牌了事；但妻子自始至終的表現，不但多少除去他的防禦心理，更令他增加了幾分歉意。

4 幽默感是溝通不可欠缺的潤滑劑：

已過世的作家曹又方，曾在我的《異色幽默》一書中的序文寫道：「幽默感可非等閒小事。為什麼呢？因為幽默感是一個人智慧的顛峰表現，表示他能站在比較高的角度，或者跳出來看事物。具有幽默感，便能一笑解頤，化干戈為玉帛。度己及度人，便也沒有什麼拿不起放不下的事情了。」

從學習說笑，到懂得說笑、喜歡說笑，真是人生的莫大進步。因為說笑有助於與人打交道，是人際關係的滑潤劑。再者，更能消除現代人的緊張、壓力和鬱卒，並能調節我們的生理機能，使人身心健康。俄國十九世紀著名的劇作家契訶夫說：「不懂得開玩笑的人是沒有希望的人。」至少他損失了人間最為寶貴的歡笑吧！

大多數的幽默笑話，都是以家庭及夫妻床笫之私為主題，因為它是人性也是生活，所以能引起共鳴，何況家是製造歡樂的地方，沒有幽默的家庭，和旅館並無兩樣。在婚姻生活中，幽默感也許不能逢凶化吉，或解決所有的衝突與問題，但至少有柳暗花明又一村的緩衝功能。

我的父母親是個性截然不同的兩人，他們的婚姻應該用「怨偶」來形容，可是我很訝異，他們居然還能攜手共度六十多個年頭。後來根據我仔細觀察，發現可能是父親的幽默感，無形中使得夫妻間的衝突每每大事化小、小事化無。

記得有一次，我也在現場。那時候他們雙方的年紀都已經七十多歲，突然間不知為了何事，彼此起了爭執。

母親很生氣地開始數落起父親的不是，但父親仍老神在在地繼續坐在搖椅上看報紙，沉默以對。但因父親這種充耳不聞的態度，加上我又在場，使得母親的自尊心倍受損傷，於是更加地憤怒，將要發作時，只見父親放下手上的報紙，走向茶几，倒了一杯茶；喝完後，他又再倒了一杯茶，然後走到母親的面前，把茶遞給她說：「這位太太！請問被妳唸的人都聽得口渴了，不知道妳唸人家的會不會口渴。」

母親聽完噗哧一笑，一笑泯恩仇。

妻問夫：「為什麼你總是把我的照片放在你皮夾裡？」

夫：「當問題發生時，不管有多困難，我只要看著妳的照片，問題就消失了。」

妻感動地說：「你看，我對你有多麼神奇的影響力啊！」

夫：「是啊！每當看著妳的照片，我就自問，還有什麼困難比這更大呢！」

我有位朋友，其實是個飽讀詩書又深具幽默感的人，但因為他喜歡說笑，常被人誤會他的身分與內涵。每當有人不識泰山時，他從不生氣，並且還自嘲地告訴對方，這一切都是他母親害的，而對方總願聞其詳。

於是他說，小時候母親老責備他：「以後不准你再說這些莫名其妙的話了，聽見沒？」

有一次他終於反駁母親：「可是這些話都是出自莎士比亞之口呀！」

於是母親更生氣地說：「是嗎？那以後我可不准你再跟莎士比亞一起玩了。」

搏君一笑。生活離不開幽默，而人生豐富，每個角落都可撿到幽默的樂趣。

5 好好運用肢體語言，讓對方更有親密感。

當代伊朗裔的美籍心理學教授，愛伯特‧馬哈拉扁（Albert Mehrabian）曾推出7、38、55原則是最有效益的溝通理論，頗受到重視。

根據他的實驗研究報告指出，人在進行溝通時，影響所及的語意及詞彙佔溝通效益的7％，而口氣和態度則佔了38％，最重要的是表情語言佔了55％。

語言相通而能表達當然最好，但很多時候人與人之間未必需要語言，只要透過肢體語言就可達到心意，像點頭、搖頭、揮手、擁抱等。

為什麼會有「伸手不打笑臉人」一說？因為態度的關係。而夫妻間的爭論，為什麼從星星之火卻又足以燎原呢？也不外是口氣不佳和態度差所引起的。

平時吝於讚美、給予彼此肯定的婚姻，風平浪靜時尚可安然無事，但只要遇到困境，馬上整個家庭就會陷入重重危機。

因為平時家人之間的互動與交談，不論在口氣和態度上都蠻不在乎，也不會表達任何肢體語言，導致個人沒有向心力，也少了成就感。長此以往，在缺乏自信心和安全感環境成長的孩子，在人際關係的互動上不是有障礙，就是害怕與人接觸而自我封閉。

我常鼓勵婚姻關係中的夫妻，要以身作則地養成親密的稱呼，早上起床後或晚上就寢前，不論大人或小孩，見到家人一定要彼此互道早安，出門前或回到家，也不忘給彼此一個擁抱；習慣成自然，便能無形融入生活中。

這是個天災人禍特別多的時代，如果能把出門前的擁抱當作是祝福，而回到家的擁抱當作感恩的話，該是何等的幸福呀！

有好幾位聽眾跟我反映，當他們聽完我演講後，有的一開始抱持著半信半疑的心態，有的則從善如流地回家實踐，但都發現效果不錯，且確實改善了夫妻及家庭的和諧氣氛。

其中有個粉絲是位家庭主婦，她來信告訴我，她的丈夫因為突發的車禍事故而過世，起初，她感到非常悲傷，但後來讓她稍感安慰的是，她曾聽過我的演講，因此多年來對待丈夫和兒女，都力行用祝福的心情送家人出門，而以感恩的心歡迎他們回家，也因此讓她把遺憾降到最小。至少，她的丈夫是載著她滿滿的愛離開人間的。看信之後，令我感慨不已。

婚姻是人生最難修滿的學分，但值得去挑戰。加油！「婚，你結了沒？」

熟年館

婚姻是什麼

黃越綏的新手婚姻參考書

作　　者—黃越綏
發 行 人—王春申
總 編 輯—李進文
編輯指導—林明昌
主　　編—王育涵
封面設計—余俊德

業務經理—陳英哲
行銷企劃—葉宜如
出版發行—臺灣商務印書館股份有限公司
23141 新北市新店區民權路 108-3 號 5 樓（同門市地址）
電話：(02)8667-3712　傳真：(02)8667-3709
讀者服務專線：0800056196
郵撥：0000165-1
E-mail：ecptw@cptw.com.tw
網路書店網址：www.cptw.com.tw
Facebook：facebook.com.tw/ecptw

局版北市業字第 993 號
初版：2014 年 1 月
初版五刷第一次：2018 年 7 月
印刷：沈氏藝術印刷股份有限公司
定價：新台幣 280 元
法律顧問：何一芃律師事務所

婚姻是什麼：黃越綏的新手婚姻參考書
黃越綏著.
初版三刷. -- 臺北市：臺灣商務出版發行
2015.01
面； 公分. --（熟年館：7）
ISBN 978-957-05-2908-1
1.婚姻 2.兩性溝通 3.兩性關係

544.3
102026326